ベートーヴェン

巨匠への道

門馬直美

講談社学術文庫

目次

ベートーヴェン

巨匠への道

プロローグ　波乱の生涯・スケッチ

生いたちと少年時代

ベートーヴェンほどの大作曲家であっても、正確な生年月日は知られていない。生まれた場所は、西ドイツの政府のおかれていたボンであるが、そこのレミギウス教会に、一七七〇年十二月十七日にベートーヴェンが洗礼を受けたという記録があるだけで、それ以外の資料はない。ただ当時の慣習として、洗礼は、生まれた翌日か翌々日におこなわれることが多いので、十二月十六日をベートーヴェンの生年月日と推定しているのである。

ベートーヴェンの祖父は、リエージュから一七三三年にボンに移住してきた。もともと歌手で、ボンの宮廷楽団に加わり、六一年には楽長になったほどの人である。そして、ドイツの女性と結婚して三人の子をもうけたが、そのうちのただ一人、次男のヨーハンだけが成長することになった。このヨーハンがベートーヴェンの父親となる人である。

ベートーヴェンの祖父は、ベートーヴェンが三歳のときに死去していたが、ベートーヴェン家では祖父のことがしばしば話題になり、幼いベートーヴェンの心に出世の目標となっていたことは充分に考えられる。祖母は、酒の商売を内職にしていたことから、やがてアルコール依存になってしまっている。

ベートーヴェンの父親ヨーハンは、祖父の口ききで宮廷のテノール歌手となったが、才能も祖父ほどにはなく、忍耐力にも乏しくて、祖母と同じように酒の魔力に惹かれて、ついには酒なしでは生活できないようになってしまう。このヨーハンが宮廷の召使いで未亡人のマリア・マグダレーナと結婚したのは、一七六七年のことである。このヨーハンと妻との間に七人の子供ができたが、成人となったのは次男のルートヴィヒと三男のカスパール・アントン・カールおよび四男ニコラウス・ヨーハンだけだった。そして、このルートヴィヒがのちに大作曲家となるベートーヴェンその人である。

もちろん、ベートーヴェンの家庭は、生活が豊かではなかった。酒に伴う父親の浪費が家計に大きくひびいていた。そうしたなかで、ベートーヴェンが最初に父親以外の教師からピアノの手ほどきを受けたのかどうかはわからない。しかし、モーツァルトの神童ぶりがまだ生々しい噂として残っていた当時としては、父親がベートーヴェンの芽生えた楽才に目をつけて、息子にきびしい練習を強制したのも、当然のことだったかもしれない。その甲斐があったのか、一七七八年三月二十六日には、ボンの近くのケルンでアルトの歌手と演奏会を開くまでになった。ただし、このときにベートーヴェンがどのようなプログラムを組んだか、その評判がどうだったかは、わかっていない。

しかし、こうしたチャンスがあったことが、ベートーヴェンにとってはもっと正式に先生について音楽を勉強するきっかけとなり、祖父の友人で宮廷オルガン奏者のファン・デン・エーデンからピアノとオルガンを四年間ほど学ぶことになったのである。さらに、その間に一年ほど家にいた歌手のプファイファーからピアノを教えられたりもした。また、宮廷楽団の人からヴァイオリンとヴィオラの奏法を習い、コンサートマスターのフランツ・アントン・リースにもヴァイオリンを学んだ。そして、一七八一年には、ライン河を下って、アムステルダムまで、演奏旅行にもでかけた。ただし、このときには、金持の家で演奏して収入をうるのが目的だったようである。その前後に、ベートーヴェンは、クリスチャン・ゴットロープ・ネーフェについて、理論の勉強を本格的にはじめている。

このネーフェは、ライプツィヒからボンに移り、宮廷のオルガン奏者になった人で、ライプツィヒでバッハの作品に親しんでいただけに、ベートーヴェンにもその《平均律クラヴィーア曲集》を教材として与え、またエマーヌエル・バッハその他の新しいスタイルのクラヴィーアの作品も教えたのだった。このようにして、かねてから簡単な作品を書いていたベートーヴェンは、ネーフェの指導の成果をみせた正統的な音楽を書くようになったのである。一七八三年に完成された三曲のソナタは、その代表的なものといってよい。この三曲は、ケルンの選挙侯に献呈されたので、《選挙侯ソナタ》と呼ばれているものである。さらに、ネーフェは、ベートーヴェンの生活費の一助と音楽的体験のために、劇場の管弦楽団でチェンバロを担当させたり、宮廷のオルガン奏者代理（のちには代理ではなくなった）としてつとめさせたりもした。ベートーヴェンがネーフェに感謝の気持をもっていたのは、当然すぎるくらいのことだった。

向上をめざして

一七八七年春に、ベートーヴェンは、憧れのウィーンに旅行した。いかなる目的でウィーンにでかけたのかははっきりわかっていないが、モーツァルトに会って、できれば弟子入りするつもりだったらしい。モーツァルトがベートーヴェンの即興演奏をきいて、隣室の友人に「彼はやがて世間をおどろかす人になるだろう」と語ったというエピソードは、この時期のものである。しかし、自分の仕事に忙しかったモーツァルトは、弟子にするつもりはなかったようだ。

ベートーヴェンがボンに帰ったのは、母親の病気の知らせがあったからで、母親は、七月十七日に死去した。その後の父親は、ますます酒にひたり、家庭の面倒などをまったくみないほどになっていた。ベートーヴェンは、宮廷オルガン奏者をつとめながら、二人の弟を養い、また勉強もつづけてゆかなければならなかった。八七年には、新しく発足した歌劇場の管弦楽団にヴィオラ奏者として加わった。

家庭的に恵まれなかったそのころのベートーヴェンにとって、慰めともなったのは、ブロイニング家の人たちと仲よくなったことである。もともとは、友人ヴェーゲラーの紹介でこのブロイニング家の長女エレオノーレと三男とにピアノを教えるために出入りしたのだが、未亡人からやがて文学やラテン語や礼法なども学ぶようになり、この教養豊かな音楽好きの家庭の人たちと自分の家族のようにつきあうようになったのだった。ベートーヴェンは、半歳年下のエレオノーレとは、とくに親しくし、いくつかの作品を献呈したりもした。さらに、このブロイニング家を通じて、ヴァルトシュタイン伯爵とも親しくなったのである。ベートーヴェンは、このような環境のためもあって、八九年にはボンの大学の聴講生となり、哲学や文学その他の講義も受講した。ベートーヴェンの社会に対する考え方の基礎は、このボンの時代に培われたわけである。

ベートーヴェンにとって大きな転換の機会は、一七九二年にハイドンがロンドンからの帰途にボンの宮廷を訪れたときにはじまった。当時のボンの君主は、ウィーンのオーストリア皇帝ヨーゼフ二世の弟で、当然にハプスブルク家の出身であって、また音楽好きでもあったので、ハイドンは気やすくボンの宮廷に立ちよれたのであろう。九〇年末にイギリスにゆく途中にも、訪問している。ベートーヴェンは、九二年にハイドンに会ったとき、九〇年に書いたヨーゼフ二世のための《葬送カンタータ》かレーオポルト二世の《戴冠式カンタータ》などをみせて、才能をほめられ、激励されたといわれている（六一頁以下参照）。そしてその後ウィーンに出て勉強することになるのである。そうしたときに力を尽くしてくれたのが、ベートーヴェンの友人ともなり、音楽にも趣味をもつウィーン出身の貴族のヴァルトシュタイン伯だった。

ウィーンでの青年時代

ベートーヴェンが新鮮な気持でウィーンに到着したのは、一七九二年十一月十日頃である。ベートーヴェンは、ヴァルトシュタイン伯の紹介で、ハンガリー大使館に籍をおくチェロの巧みなズメスカルと知り合い、さらにこの人の尽力でハイドンを訪問した。しかし、ハイドンに師事したものの、その教え方は、ベートーヴェンの期待を裏切ったものだった。それでも、ハイドンが第二回のイギリス旅行にでかけるまでの一年間は、ベートーヴェンは、ハイドンのもとにかよっていた。ヨーハン・シェンク、ゲオルク・アルブレヒツベルガー、アントーニオ・サリエーリなどにも師事した。なかでも、アルブレヒツベルガーからは、対位法的書法を学び、サリエーリからは、声楽の書法を主として習得した。

そうするうちに、ベートーヴェンのピアノ演奏の実力も認められ、カール・フォン・リヒノフスキー侯、ルードルフ大公をはじめとするウィーンの貴族たちとの交際の道も開けてきた。作曲の筆ももちろんすすめられていた。ただ、そうした作品では、自分がピアノを担当することもあって、ピアノを活用したものが多かったのもやむをえない。

ベートーヴェンは、機会をみて、ピアノ三重奏曲三曲とピアノ・ソナタ三曲をハイドンにきいてもらった。ハイドンは、ソナタには感心したらしいが、三重奏曲のほうの出版は積極的にはすすめようとしなかったという。一七九五年の末に、ベートーヴェンは、第一回のプラハ旅行をしているが、翌年の二月には、第二回のプラハ旅行をし、それからおそらくドレスデン、ライプツィヒをへて、ベルリンにでかけている。ベルリンのプロイセン国王フリートリヒ・ヴィルヘルム二世がチェロを得意としていたことから、二曲のチェロ・ソナタを書いて、それを国王に献呈して好機を狙ったということは、充分に考えられる。

ベルリンから帰ってから翌九七年にかけては、ベートーヴェンの名声は、とみにウィーンで高まった。高名なピアニストとの競演で相手を屈服させたことも、これからしばらくの間に何回かあった。そうしたこともあって、九九年ごろまでは、相変わらずピアノを用いた曲が断然多く書かれている。

それより以前の九六年か九七年には、ベートーヴェンは、自分の耳の状態が正常でないことを自覚していたらしい。しかし、ピアニストとして名をあげ、作曲家としても認められつつあったときだけに、それを親しい医者にも打ちあける気にはならないでいたようである。やがては完全にきこえなくなってしまうベートーヴェンの耳の病気が、一体なにに原因するのか正確なところはわかっていない。チフスによるとか梅毒によるとか、いろいろと推論されてはいるが、決定的な結論はでてきていない。ただ、一七九七年から翌年にかけて、この耳疾のために相当に強い絶望感を味わったようで、そうした悲愴感がしばしば音楽にもあらわれたとみることができる。

一七九九年五月には、ブルンスヴィク伯家の令嬢テレーゼとヨゼフィーネの姉妹がベートーヴェンの弟子となった。ベートーヴェンは、このことで気分転換を見出したかのように、この二人には時間を忘れるほど熱心にレッスンをつづけたという。翌年には、さらにこの姉妹のいとこにあたるジュリエッタ・グィッチャルディも入門してきたし、のちにピアノ教則本で名をあげたチェルニーも弟子入りしてきた。ベートーヴェンの身辺は急にはなやいできたわけである。ただし、ジュリエッタは、三年ほどしてさる伯爵と結婚してしまう。ヨゼフィーネは、ヨーゼフ・ダイム伯と早くも九九年六月に結婚し、夫妻ともどもベートーヴェンと親しくしていたが、一八〇四年に突然に夫と死別し、未亡人になった。やがて、ベートーヴェンとの手紙のやりとりが復活し、一八〇六年には二人の恋愛は高潮してくる。そして、一八〇七年にはそれが下火となり、年末には熱もさめてくる。なお、ヨゼフィーネは、一八一〇年に再婚したが、二一年三月に世を去った。これに対して、テレーゼは、終生独身でいたのだった。

ベートーヴェンのほうは、一八〇一年になって、すでに医者として生活しているヴェーゲラーに自分の耳疾のことを打ちあけている。それでも、作曲の筆は、もちろん休めなかった。作曲意欲は充分にあったのである。そして、いろいろな療法ののち、一八〇二年春から秋にかけて、ウィーンの近郊のハイリゲンシュタットに保養のために滞在し、その十月六日と十日には有名な「ハイリゲンシュタットの遺書」を弟たちに宛てて書いている。しかし、これは、普通の意味での遺書と呼ばれるべきものではなく、音楽芸術のためになさねばならぬ仕事があるということで、弟たちに自分の苦しみを教えたものである。一七九八年前後の自分の危機感を、このときすでにベートーヴェンは、みごとに克服していたのだった。そして、それからほどなくして、第二交響曲が脱稿されたのである。

〝傑作の森〟

「ハイリゲンシュタットの遺書」を大体の境目として、ベートーヴェンのいわゆる創作第二期がひろげられてゆく。その最初の大作として筆を染めたのが、一八〇三年五月に本格的に着手された第三交響曲《英雄《エロイカ》》である。ナポレオンに献呈されるはずの曲で、外面的な演奏効果というものも相当に意識して書かれている。そして、このような効果の意識は、当時のベートーヴェンのひとつの特徴にもなってきた。これは、再起後の精神状態とも関係あるのだろうし、またウィーンがワルツで賑いはじめて、華麗さをおびてきたことにも結びつけられよう。

《英雄》を書きあげてからすぐに、ベートーヴェンは、これまでのスケッチをもとに、新しい交響曲の創作にのりだした。これが現在、第五番と呼ばれる曲である。しかし、これはすぐには完成されなかった。この曲のいわゆる「運命の動機」の扱い方にベートーヴェンは大きな問題を感じていたのと、心境や周囲の情勢の変化のために他の曲に手をだしたからであった。「運命の動機」の処理については、ベートーヴェンは、心のなかで深く考えていたらしく、他のいろいろな作品でもその一端をみせた。ヴァイオリン協奏曲、ピアノ協奏曲第四番などがその例である。そしてまた、この第五交響曲に盛られるはずの激情や闘争の姿は、ピアノでは同じころの一八〇四年から翌年にかけての《熱情》にももちこまれた。こうした激情は、オーストリアの煮えきらない外交体制や腐敗したウィーンの社会にも原因しているのだろう。やがてヨゼフィーネとの恋愛が高潮してくるにつれて、心もなごやかになり、第四交響曲、ヴァイオリン協奏曲、ピアノ協奏曲第四番といった作品が一八〇六年を中心にできあがってくる。これらの曲をへて、第五交響曲が一八〇八年に完成されたということは興味深い。これと同じ時期の第六交響曲では、自分の内部で渦巻く激情や闘争から勝利の道を見出そうとしていた第五交響曲とは逆に、目を外部へ、しかも不愉快な情勢にあるウィーンではなくて、もっと心の安まるおちついた自然に向けたものともいえる。

翌一八〇九年五月には、オーストリア軍がナポレオン軍に敗北を喫し、その結果ウィーンがフランス軍に占領されてしまったのである。そのため、ウィーンの貴族たちは、ウィーンから疎開をした。十一月にはフランス軍は引きあげ、翌一〇年春ごろにぽつぽつと疎開貴族たちは、ウィーンにもどってきた。こうした騒ぎのなかで、作品七八、七九、八一のaの《告別》の三曲のピアノ・ソナタも誕生したし、《ハープ》と呼ばれる弦楽四重奏曲も書きあげられた。ピアノ協奏曲第五番《皇帝》は、その少し前に仕上げられたものらしい。この時期の傑作の《告別》《ハープ》《皇帝》がみな変ホ長調なのはおもしろい。

とにかく、こうした戦争騒ぎのなかにあって（ハイドンは、この砲声をききながら世を去った）、ベートーヴェンは、作品では陰暗にならず、明るさを憧れるかのように盛りこんだのである。そして、こうした明るさは、ベートーヴェンの新しい恋愛とも関係がありそうである。その相手は、十八歳のテレーゼ・マルファッティという金持の娘だった。《告別ソナタ》がルードルフ大公のウィーンからの脱出と帰還とに関係して書かれたと表面的にはいわれているが、実はこのテレーゼへの感情が関係していたのかもしれない。

しかし、一八一〇年には、ベートーヴェンは、テレーゼから結婚の意志のないことを知らされている。それと交替するかのように、ベートーヴェンの周辺に登場してきたのがベッティーナ・ブレンターノという才女だった。

一八一一年に絶頂を誇っていたナポレオンも、一八一二年のロシアでの敗退、翌年のヴィットリアにおける敗戦から、一八一四年には退位という事態にまで進展する。そして、この年の九月から翌年六月まで、ウィーン会議が開催された。このナポレオン衰退のころに、オーストリアでは、メッテルニヒが政界に力を振いはじめ、保守反動体制をしき、進歩的な自由思想の圧迫を強制した。ベートーヴェンも、そうした政治情勢に大きな不満をもち、意志力の強い音楽を書いたり、また逆にそれからはなれて、自分だけの世界にひたりきる傾向もみせた。しかし、外面的には、ウィーン会議のころは、演奏会も成功したりして、ベートーヴェンには栄光の頂点が到達したかのようであった。

後期のベートーヴェン

ワルツに明けくれするような、そしてかけ引きの多いウィーン会議が終わってから、ベートーヴェンの健康も弱りはじめてきた。それに、この一五年十一月に弟のカールが死んで、翌年からその息子のカールの後見を引き受けることになった。子供のなかったベートーヴェンは、この甥のカールを溺愛して面倒をみることになったのだが、カールは、逆に不良化してゆくばかりだった。やがては、カールの母親とはこの後見をめぐって、訴訟もおこさなければならなかった。こうした事態のためもあって、ウィーン会議から一八一七年までは、ベートーヴェンとしては珍しい不毛の時期がくる。それを克服したときに、ベートーヴェンのいわゆる後期の様式の作品があらわれはじめてくるのである。後見の裁判は、一八二〇年になってやっとベートーヴェンの勝訴となった。

一八一八年五月には、ロンドンのブロードウッドから最新式の機能をもつピアノが贈呈され、ピアノ・ソナタ作曲への意欲をかきたてられることになり、一連の晩年のピアノ・ソナタの誕生への契機がつくられる。それと同時に、ルードルフ大公のオルミュッツ（現在はチェコ領）の大司教就任を祝って、《ミサ・ソレムニス》の作曲にも着手している。しかし、このミサは、一八二三年になってやっと完成された。そして、ベートーヴェンの最後のピアノ・ソナタは、一八二二年はじめに書きあげられた。つまり、晩年のピアノ・ソナタは、ミサと並行して作曲されていったわけである。

やはり一八一七年に、ベートーヴェンは、ロンドンのフィルハーモニー協会から二曲の交響曲の依頼を受けた。ベートーヴェンは、このほうにも想を練りながら、結局はミサに手間どってなかなか筆をすすめられず、最後にはミサの完成後に二曲の構想を一曲にまとめ、終楽章に懸案のシラーの「歓喜によす」による声楽をおいた交響曲を一八二四年二月に完成したのだった。これが第九交響曲である。

晩年のソナタは、「心の日記」ともいえるもので、ベートーヴェンは、そこでは内省的で幻想的な態度をとり、深遠な宗教性や浄化された人間的な高揚感といったものをおりこんだ。そして、幻想的で精妙な変奏曲と思索的、論理的なフーガとを対立させることによって、音楽の展開をはかったのだった。このようなことは、その後の作品でも応用された。それに加えて、これらのソナタには、これまでの不運と苦悩およびそれに対する闘争への追憶といったものも盛りこまれている。それに対して、ミサは、ベートーヴェンの晩年の宗教的な告白ともいえるものであり、自分の内面の苦悩や不安に対して平安を祈りあげたものとなり、第九交響曲は、ベートーヴェンの信条の「苦悩を通じての歓喜」と全人類が協調して実現すべき、いわば外面の平和とを歌いあげたものとなった。

ところで、ベートーヴェンの知人に宛てた手紙、作曲のスケッチブック、会話帳などは、彼の思想や信念や方向や意志といったものを書き記していて、その人間性および音楽を知るのにきわめて貴重なものであることはいうまでもない。ただし、残念なことに、とくに会話帳は全部のこっているというわけではなくて、側近のシントラーがベートーヴェンの死後にそのかなりの冊数を自分勝手に処理してしまったのである。

現存するベートーヴェンの文章のなかで、その生活態度と音楽のあり方をおそらくもっともよく象徴しているもののひとつは、一八一六年に旧知のエルデーディ伯爵夫人へ宛てた手紙にある、つぎのような一文であろう。

私たち無限の精神をもった有限の者は、ただ悲しみと喜びのためだけに生まれついているのです。だから、いかにすぐれている者でも、苦しみをとおして喜びをえているのだということができるでしょう。

これは、近しい人が謎の死をとげたことで、夫人を慰めるために送った手紙の一部である。しかも、この苦悩を通じての歓喜というものはまた、ある意味では、闘争を通じての勝利ということとも関連している。そして、とくに中年以後のベートーヴェンの生涯は、まさにこのような言葉の実現を期待していたものといってもいいし、ベートーヴェンが作品を完成するのにいかにきびしく苦労し、思索し、そしてやっとその作品の仕上がりを喜ぶというのもそうである。

ベートーヴェンは、このような信念を別のところで何回も書きとめていたわけではないようだが、若いときからそうした信念をもっていたようである。そしてそれが作品にも具体化してあらわれた。とくに目立つのは、《運命》と呼ばれる交響曲第五番と《合唱付き》といわれる交響曲第九番である。ともに最後の楽章で勝利や歓喜を大きく歌いあげている。たしかにベートーヴェンは、豊かな才能をもっていたものの、その才能に溺れずに、それをいかに活用するかにものすごく苦心するという努力家だった。だから、つぎのような文章もみられる。

ぼくは自分のこれまでの仕事には満足してはいない。それから別の道に歩みをすすめたいと思う。

人間は、まだ何かよいことができるかぎり、勝手に命を絶ってはいけない、ということをどこかで読んでいなかったとしたなら、とっくに私はこの世にいないことでしょう。

とにかく交響曲を一曲、それからさらに前進、前進、前進だ。そのうちに内容が充実してくる。二、三年のうちにはそうなるだろう。

このような文章をみると、ベートーヴェンでさえも、ひとつの作品を仕上げた時点では満足していても、やがてはそれに不満を感じることがかなりあり、そうしたことによって自分の芸術をより高い次元にまでおしすすめようとしていたことがよくわかる。

ベートーヴェンは、作曲することを天から与えられた聖なる仕事だと考えていた。そこには、作曲する喜びもあったがまた苦しみもあった。しかし、苦しみがあっても、作曲から逃避することは決してなかった。晩年近くでも、朝五時には起床し、朝食までの数時間作曲に精をだすのが習慣だった。そして、筆をすすめたものを、その晩に反省し、練り直すのだった。それだけに、ベートーヴェンの作品には、つねに考えぬかれた論理性というものがある。

なりふりかまわないようなベートーヴェンであっても、作曲に関してはまことに丁重であり慎重だった。そしてそこに自分の主張をはっきりと盛りこんだ。その主張というのは、前掲のベートーヴェンのモットーである。

晩年――孤高の精神

さて、ミサと第九交響曲の創作が終わると、ベートーヴェンは、自分の心の手紙ともいえる弦楽四重奏曲に向かってゆく。ロシアのガリツィン侯爵から一八二二年暮に四重奏曲の依頼を受けたのも、その直接的な作曲の動機となった。まずこの一八二二年に着想されたのが作品一二七の四重奏曲であるが、第九交響曲のあとの一八二五年に完成された。晩年の円熟した技巧と徹底した思考とをもって、ピアノ・ソナタや交響曲では表現しえない思想をそこに盛りこんだともいえる。

そのつぎに手がけられたのが作品一三〇と作品一三二であるが、ベートーヴェンは、その作曲の途中の一八二五年の四月から五月にかけて腸の病気を悪化させてねこんでしまい、筆をすすめることができなかった。そして、病気回復の新鮮な気持で作品一三二の第三楽章以下をまず書きつづけ、これを七月半ばごろに完成した。そのために、第三楽章には、「病気の回復したものの神に対する聖なる感謝の歌」と記されることになった。それから作品一三〇が仕上げられたのだが、終楽章のフーガが長大すぎるということで、二六年十一月はじめに、現在の新しい終楽章におきかえた。第五楽章の絶妙なカヴァティーナは、宗教的な崇高ささえもたたえている。

ガリツィン侯のための以上の三曲を一応書きあげてから、ベートーヴェンは、作品一三一にとりかかり、二六年夏にそれを完成した。今回も、その間にかなり重い病気にかかっている。そのあと、最後の四重奏曲作品一三五がくる。ベートーヴェンが死去する前年の一八二六年十月に完成されたものである。

この間にも、ベートーヴェンは、甥とその母親のことで悩まされつづけた。甥のカールは成長し、工業学校で勉強をしていたが、道楽癖はますます昂じ、二六年七月（？）には、ピストル自殺まではかった。カールは、母親のところに血まみれのまま送りとどけられ、知らせでかけつけたベートーヴェンに大きな衝撃を与えた。結局、カールは、病院で回復を待ってから、軍隊に入ることになり、九月末には、ベートーヴェンは、カールとともに弟ヨーハンの別荘のあるウィーン西北のグナイクセンドルフにでかけ、そこでカールとの別れをしばし惜しんだのだった。

しかし、このグナイクセンドルフの別荘での生活は、食事は粗末だし、暖房もなく、ひどいものだった。それでも、好きな自然があるので、ベートーヴェンは、一ヵ月あまりそこに滞在した。十二月一日にウィーンに出発したが、寒空に牛乳馬車に揺られるというほかに、途中で一泊した宿には暖房の設備もなかった。かねてから風邪気味のベートーヴェンは、ウィーンに到着したときは、肺炎をおこしていた。やがて肝臓と腸にも障害があらわれ、腹水をとるための手術もした。元気なときには、第十交響曲やオラトリオその他の作品の構想も練っていたらしいが、衰弱は目にみえていった。二七年二月に入ってからは、急速に見舞客もふえてきた。三月十八日には、シューベルトも見舞にきた。

三月二十三日には、甥カールに遺産を受けつがせる遺書がつくられ、司祭から臨終の儀式を受けたあと、「諸君喝采せよ、喜劇は終わった」とラテン語でつぶやいたことは有名である。

そして、またも苦しみのときがつづき、二十六日夕方、はげしい雷雨が訪れ、稲妻が部屋を照らしたとき、ベートーヴェンは、手を高くあげ、数秒の間目をひらいて上方をにらんだ。その手がおりたとき、ベートーヴェンの目は、半ば閉ざされていて、呼吸はとまったのだった。午後五時四十五分ごろだという。

その葬儀は、もちろん盛大におこなわれ、ウィーンの大群集も、この大作曲家の冥福を祈ったのだった。

第1話　ベートーヴェン以前のボン

誕生の地

ベートーヴェンは、ライン河畔のボンで生まれた。その生家は、ボンガッセ二〇番地にあり、現在ではベートーヴェン記念館となっていて、この楽聖の遺品などを陳列している。その外壁は、茶色がかったレンガ色で、開け放った窓のよろい扉のあざやかなグリーンとみごとなコントラストをなしている。ただし、ベートーヴェン時代からこうした配色を守りつづけてきたのかどうかはわからない。ベートーヴェン一家が住んでいたのは、日本式の数え方でいって、その二階と三階だった。ただし、この三階は、いわゆる屋根裏部屋になっていた。そして、ベートーヴェンは三階の隅にある小さな屋根裏で生まれた。ベートーヴェン一家は、ベートーヴェンが生まれる三年ほど前に、ラインガッセ九三四番地からここに移転してきたのである。

ベートーヴェンが本格的にウィーンにおちつくまで、ベートーヴェンが生活していたボンとはどういうところだったのかという本題に入る前に、ボンという土地の歴史をごく簡単に眺めておく必要がある。

ボンの由来

かつてライン左岸の多くは、ローマ軍の侵攻を受けた。これは、紀元前二七年からはじまるといわれるいわゆる「ローマの平和」以前のことだった。とくにボンは、右側からラインにそそぐジーク河の合流点にあり、ローマ軍から軍事上の要衝の地として狙われ、占領された。そして、ローマ軍は、紀元前一〇年ごろにそこに城塞を構築し、それをカストラ・ボネンシア（Castra Bonnensia）、つまり優秀な陣営と呼んだのだった。そして、ボネンシアからこの地をやがてボンナ（Bonna）と呼ぶようになり、それから現在の地名のボンが誕生したというわけである。

ところがこの城塞は、初期にはローマ軍にとっては「優秀な」ものであったかもしれないが、やはり弱点がでてきて、やがて補強され、拡張された。それにもかかわらず、ボンのローマ軍は紀元七〇年に外敵から手痛い打撃を受け、それ以後の相続く異民族の侵入のために衰退していった。そして三五九年ごろに、かつてローマ軍の誇った城塞も、結局は破壊されてしまったのである。それに加えて三九五年には、ローマ帝国は、東ローマ帝国と西ローマ帝国に分裂してしまう。こうしたことも、ボンのローマ軍の士気に大きくひびいた。

たんにローマ軍ばかりでなくて、ボンの周辺の他の民族たちも、軍事上の価値からボンに目をつけていて、その獲得を考えていた。そうしたなかでボンに入ってきたのは、当然にゲルマン民族が主体だったが、そのゲルマン民族の一部族であるフランク人が圧倒的に優勢だった。彼らは、主として北部ガリアからボンに移ってきた。またやはりゲルマン民族の一部族であるノルマン人も、北部からボンに入ってきた。さらにボンには原住民ともいえるケルト人もいた。こうしてさまざまな人種およびその混血によって、ボンの人口は形成されてゆく。このノルマン人が八八九年に大挙して侵入してきたときには、ボンは大きな荒廃を味わった。

このボンにキリスト教が入ってきたのは、フランク人が移住してきたおそくとも四世紀ごろであって、そのキリスト教の中心となったのは、民族教会（Dietkirche、のちに参事会教会と改められる）と、カシウス教会（カシウスは殉教者の名前）の二つの教会だった。このカシウス教会は、その後二回ほど名称を変えたものの、ケルンの大司教のもとに属することになり、その周辺の人口は急速にふくれあがり、そこがボンの中心街となった。現在のボンのいろいろな意味での象徴は、市の中心部にあるミュンスター教会と、とくにそのとがった高い尖塔だといわれることが多いが、このミュンスター教会（大聖堂）こそ、十一世紀から十三世紀にかけて、カシウス教会のところに構築されたものである。因みに、ベートーヴェンが洗礼を受けたといわれるレミギウス教会の建物は、それより一世紀ほどおくれて着工されて、一三一七年に完成された。

選挙侯と宮廷楽団

ボンの政治的統治は、もちろん必ずしも世襲制でおこなわれていたわけではない。そのなかでとくに長期間にわたっていたのは、一二六七年（五七年という説もある）から一七九四年までケルンの選挙侯の居城がそこにあり、歴代の選挙侯がそこに君臨していたことである。もっとも、ケルンの場合は、大司教が選挙侯を兼ねていたから、やはりこれも必ずしも世襲制ではない。

マインツとトリールでも、このように大司教は選挙侯を兼任していたが、ボンは、マインツにはおよばないとしても、トリールよりも音楽を重視した。そこでの音楽は、やがてたんにカトリックの教会音楽のみに限らなくなった。それは、大司教にしばしば音楽好きの人が就任したことに大きな原因があった。ただし、音楽を重要視したことは、宗教音楽が急速に発展したことを意味するものではなかった。それどころか、ボンの宗教音楽は、他の都市の場合とくらべて、保守的な歩みをつづけていた。たとえば、教会では、その付属の学校からピンセルナトゥスと呼ばれる人が選びだしたわずか四人（のちには六人）だけからなる少年聖歌隊によって歌われた。それは、こうした聖歌隊によるものだけに、ポリフォニックなものではなくて、単旋律的なものだった。ピンセルナトゥスというのは、これらの少年の面倒をみて、合唱の指導をする立場の人であり、参事会員がその役を担当した。十六世紀後半においても、ボンではこうした歌唱様式が一般的だった。また、教会にオルガンが設置されたのも、かなりおそい時期のようで、その台数も、ボン全体をみても相当に少かったもののようである。

ボンが文化面に力をとくに入れるようになったのは、十七世紀になってからである。そしてまず宮廷楽団の整備がおこなわれた。その楽団員の数は、十七世紀末には十七名になり、一六八八年から一七二三年まで選挙侯だったヨーゼフ・クレメンスの代には、その数はさらに増したし、聖歌隊も合唱らしくなって、少年ばかりでなくて大人も加えて、ポリフォニーも歌った。この合唱団の人員は、ヨーゼフ・クレメンス侯の時代には十八人である。宮廷楽団はやはり十七名だったが、それ以外に軍楽隊要員として、八名のトランペットと太鼓の奏者、それに六人のオーボエ奏者がいた。

なお、ベートーヴェンの少年時代のボンの宮廷楽団の編成はどうなっていたかというと、フォルケルの編んだ「ドイツ音楽年鑑」によると、一七八二年のとき、ヴァイオリン8（うち4は補欠）、ヴィオラ4、チェロおよびコントラバス2、ファゴット2、ホルン4となっていて、補欠を入れないと二十名であって、六十年前とほとんど変ってはいない。補欠をおいたということは進歩とみるべきなのだろうか。

選挙侯の音楽趣味

ヨーゼフ・クレメンス侯は、自分から作曲するほどに音楽に通じていたが、またボンの街の美化にも積極的だった。それにつづく選挙侯クレメンス・アウグストによる治世は一七六一年までおよび、ボンの文化都市としての名声を大いに高めたのだった。このアウグスト侯も、ボンを景観に富む公園のようにしたばかりでなく、自身ヴィオラ・ダ・ガンバも巧みに奏し、音楽を熱烈に愛して、ボンの音楽的水準の向上を図り、とくにオペラの方面に力を入れた。

もともとボンの上流社会の間では、演劇とオペラが愛好される風潮があった。そして、すでに十六世紀から、他の土地のグループがそういうものを上演するためにしばしばボンにやってきていた。そういうオペラ・グループは、ハンブルクやオランダその他からのものもあったが、そうしたグループも、イタリアの音楽家を重視していて、イタリアのオペラを上演するのが普通だった。そして、それらのグループよりも頻繁にボンを訪れたのは、イタリアからのグループだった。

こうしたことで、上流階級を中心にオペラ熱や演劇熱が高まってきたのは当然で、そのようなときにタイミングよくアウグスト侯が即位したのだった。

アウグスト侯は、これまでの選挙侯とは比較にならないほどに、オペラと演劇の方面に多額の出資をしたし、たんにオペラ関係にとどまらず、各地から有能な音楽家を招いて、かなり高給で召し抱えた。そしてさらに、宮廷内に一七四八年と五一年に劇場も建設した。このようなアウグスト侯の惜しみのない出費のために、ボンの宮廷の財政は次第に苦しさを増し、アウグスト侯が一七六一年に亡くなったときには、宮廷は莫大な借財を抱えていた。その後継の選挙侯マックス・フリードリヒ（一七八四年まで）は、必然的に財政の再建を図らなければならなくなり、緊急不可欠でない工事をすべて中止させ、宮廷主催の豪華なオペラやバレエや音楽会や舞踏会などの数も著しく減らしたし、高給で迎えた音楽家たちの給料も、多いものでは半分以下にけずられた。こうしたことにより、せっかく集められた有能な音楽家たちは、続々とボンから去っていった。この間の一七八二年の宮廷楽団の人数が前述のように六十年前とほとんど変化していないのは、実はこうした緊縮財政によるという事情もあったのであり、先代のアウグスト侯のときにはもっと多かったと考えられる。ただし、マックス・フリートリヒ侯は、のちに述べるように、ただむやみに財政をきりつめていったのではなく、民衆のためであれば、そしてまた他の宮廷都市との釣合も考えて、やがて事情の許すかぎりの支出をするようになった。

それはともかくとして、アウグスト侯は、音楽通をもって任じていただけに音楽家の能力を判断するすぐれた見識をもっていたらしい。それだけに、侯に招かれた音楽家のなかには、現在までも歴史上に名をとどめている人たちが少からずみられるし、ベートーヴェンとの関係で名をのこした人もいる。ボンでは、十七世紀後半から民衆対象の宗教音楽の方面では、ドイツ語のプロテスタントの賛歌も歌われるようになったものの、カトリックのボンの宮廷では、イタリアの音楽の影響が強かった。そこでは、宗教音楽でもオペラをはじめとする世俗音楽でも、重要なポジションを占める音楽家の大半以上はイタリア人だった。この傾向は、アウグスト侯の時代までつづいていたものの、侯は、招く有能な音楽家をなにもイタリア人だけに限ろうとしたわけではなく、宮廷内に建造した劇場でのオペラの自主的な上演でも、主役の歌手を必ずしもイタリア人に限定したわけでもなかった。このようなことから、これまでイタリア色に濃く支配されていたボンの宮廷の音楽は、アウグスト侯の時代に入って、かなりイタリア色を弱めるようになってきたのである。

祖父ベートーヴェン

このアウグスト侯が招いてボンに定住させた音楽家として、いまの場合もっとも重要な存在なのは、大ベートーヴェンの祖父のルートヴィヒ・ファン・ベートーヴェン（以下、大ベートーヴェンとの混同を避けるため祖父ベートーヴェンと記す）である。この人も、もちろんイタリア人ではない。祖父ベートーヴェンは、フランドル地方のメヘレンのパン屋の息子として一七一二年に生まれている。そして、一七三二年からリエージュの聖ランベール教会にバス歌手として勤務していた。アウグスト侯は、たまたまこの教会の司教も兼ねていて、その音楽家としての才能と人物を見込んでボンの宮廷の歌手に採用したのだった。一七三三年のことである。

祖父ベートーヴェンは、ボンの宮廷社会から厚い信頼を受け、市民からも強く支持されていた。アウグスト侯は、宮廷内に一七四八年に新築した歌劇場でメタスタージオの《アルタゼルゼ》を上演させたとき、四人の主要な歌手のうちの一人に祖父ベートーヴェンを起用している。しかも、他の三人の歌手も、侯自身がその力量を認めて、かねてから宮廷に召し抱えられていた人たちである。そして、そのうちの二人の女声歌手は、ハンブルクのオペラからきたイタリア人だったが、もう一人の男性のテノール歌手は、ボンの近郊の出身だった。こうしたことからみても、ボンの宮廷では、イタリア人音楽家の勢力が相当に弱くなっていたことがうかがえる。

この祖父ベートーヴェンは、アウグスト侯のつぎの選挙侯からも厚い信任をえていた。そして、前にも述べたように、緊縮財政のあおりを受けて、有能な宮廷楽師たちが相ついでボンを去り、楽長までも不在になった一七六一年に祖父ベートーヴェンは、そこの宮廷楽長に就任したのだった。もっとも、祖父ベートーヴェンは、一七七三年の死の年まで数々のオペラに主役級で出演し、この方面でも人気をえていた。祖父ベートーヴェンが死去した年、大ベートーヴェンは、三歳の誕生日を迎える。

ザロモンの功績

アウグスト侯の目にとまった音楽家として、ここでもう一人だけ名前をあげておこう。それは、ヨーハン・ペーター・ザロモン（一七四五～一八一五）である。ただし、彼は他のところからボンに移ってきたのではない。その父親は、ボンの宮廷楽団のオーボエ奏者だったのである。おそらくザロモンは、父親から音楽の手ほどきを受けたのちに、宮廷楽団のヴァイオリニストからヴァイオリンを習ったのだろう。そして、めきめきと腕をあげていって、早くも十三歳のときに、宮廷楽団の奏者に採用されたのだった。しかし、ザロモンは、そこに長くとどまっていたわけではない。アウグスト侯の死亡に伴う楽団事情の変化ということが大きく原因していたのだろうが、一七六一年かその翌年には早くもそこを去り、旅にでている。しかも最初のうちは、ボンの自分の給料を父親に委託しておきながら、もっとよい地位をさがしていたというのだから、若いくせにいかにもちゃっかりしていて、のちのハイドンを活用してのロンドンでの興行師としてのやり手ぶりをすでに予想させるのである。

ザロモンは、ラインスベルクでプロイセンのハインリヒ王子のところの楽長をつとめたが、そのとき王子のベルリンの館でカール・フィリップ・エマーヌエル・バッハに会い、その父親の大バッハの無伴奏ヴァイオリンのためのソナタとパルティータを知り、やがてそれを自分の重要なレパートリーにすることにした。そして、オーケストラの解散に伴って、一七八〇年に勤務していたラインスベルクを去り、その翌年にロンドンでヴァイオリニストとしてコヴェント・ガーデンでデビューしている。それ以来ザロモンは、ときおり大陸にでかける以外には、ロンドンに住んでいた。このロンドンでザロモンは、バッハの無伴奏の曲を立派な演奏でいわば復活演奏したのである。バッハ再認識に一役をはたしたといえるだろう。

ザロモンのヴァイオリニストとしての名前は、その華麗な演奏により、広くイギリスで知れわたった。ザロモンは、それだけで満足することなく、一七八三年から予約演奏会を開催し、そこでヴァイオリンを演奏したりオーケストラを指揮したり、またそれに出演する有名な音楽家を大陸から招いたりもした。その予約演奏会は、二回にわたってハイドンを招いたことで、空前の大成功を収めた。ハイドンの十二曲の交響曲からなるいわゆる「ザロモン・セット」は、こうしてものにされたのである。ハイドンとザロモンとの関係については、もっといろいろなことが指摘されているが、ここではそれをさぐるのは本命ではない。

ザロモンは、ロンドンのフィルハーモニー協会の設立者の一人になっている。そしてこの協会は、一八一三年三月にそのオーケストラの第一回の演奏会を開いたのだが、ザロモンの死去した三年後の一八一七年に早くもベートーヴェンに作曲の依頼をしている（二〇頁参照）。これからみると、この協会は安定した順調な歩みをつづけていたらしい。

ところでハイドンは、第一回目のロンドン滞在を一七九二年六月末ごろに切りあげている。そのウィーンへの帰途ボンに立ちよって、宮廷楽団にいたベートーヴェンを紹介され、この若い作曲家を激励している（一三頁参照）。そして、ベートーヴェンは、十一月にウィーンにでて、ハイドンの弟子となるのである。このハイドンは、一七九四年一月十九日に第二回目のイギリス旅行のためウィーンを出発しているが、そのときにはベートーヴェンを同行させるつもりでいたといわれている。ただし、これは実現しなかった。

ザロモンは、一七九〇年にボンではじめてベートーヴェンに会ったという。ザロモンのボンの家族は、フィッシャーという人が経営するパン屋の近くに住んでいて、ラインガッセ九三四番地にあるこのフィッシャーの持ち家にベートーヴェンの一家は、ベートーヴェンが生まれる三年ほど前まで住んでいた。そしてベートーヴェンは、一家とともにここで生活していたこともある。ザロモンは、ベートーヴェンの才能に注目し、ベートーヴェンがウィーンに定住してからも、ベートーヴェンとつねに接触を保つようにし、その作品の普及につとめた。

このザロモンは、一八一五年十一月二十八日にロンドンで亡くなったが、その翌年の二月二十八日にベートーヴェンは、ロンドン在住の弟子のフェルディナント・リースに宛ててつぎのように書いている。「ザロモンの死は、私にとって大きなショックです。私は子供のときから彼を知っていますが、彼は、高潔な人間でした。」

ザロモンは、イギリスの楽界に大きな貢献をなしたということで、ロンドンのウェストミンスター大寺院に葬られた。

第2話　ボンのひとびと

ボンは、一七六一年から八四年までは、マックス・フリートリヒ選挙侯の統治下となる。この時代にも、やがてベートーヴェンと密接な関係をもつことになる人たちが続々と登場してくる。ただし、それは主として一七七〇年代に入ってからのことである。というのも、この一七七〇年代になってから、ボンの緊縮財政は次第に緩和されてきて、ふたたび有能な人材がそこに集まりはじめてきたからである。

リースとジムロック

そういう人たちのなかに前述のフェルディナント・リースの父親のフランツ・アントン・リース（一七五五〜一八四六）がいる。このフランツ・リースは、ボンの宮廷楽師（トランペットとヴァイオリン）の息子で、ザロモンにヴァイオリンを習い、早くも十一歳のときに宮廷楽団で演奏するようになった。やがてウィーンにでて勉強をつづけ、ウィーンで独奏者および弦楽四重奏団の主宰者として成功を博したものの、ボンにもどり、薄給に甘んじながら、またも宮廷楽団に籍をおいた。

このリースは、ボンでベートーヴェン一家と親しく交際していたばかりでなくて、一時期にはベートーヴェンにヴァイオリンを教えた。

リースには五人ずつの息子と娘がいて、その長男が前出のフェルディナント・リース（一七八四〜一八三八）であり、とくにベートーヴェンから信頼を受けるようになった。フェルディナントは、兄弟のなかでもっとも音楽的才能に恵まれ、ピアニストおよび作曲家として世に立ったのだが、一八〇一年にウィーンにでたときに、ベートーヴェンからピアノのレッスンを受けた。そしてベートーヴェンは、かつての自分の先生だったアルブレヒツベルガーに師事して、理論を勉強するようリースにすすめた。この忠告に応じて、リースは、短期間ではあったが、理論を学んだのだった。ベートーヴェンとしては、同郷の後輩であり、しかも恩師の息子であり、才能もあるということで、リースに好意を感じていたのだろう。

リースは、ウィーンを去ってから、広範に演奏旅行をおこなったのち、一八一三年より二四年までロンドンに住みながら、絶えずベートーヴェンと文通をしていた。そしてリースは、ロンドンでは、父親の友人でもあるザロモンに会い、その紹介でロンドンのフィルハーモニー協会の演奏会にしばしば出演するようになった。

ベートーヴェンに関連しての、このリースの大きな功績は、晩年のベートーヴェンを大いに励ましたことと、ベートーヴェンの友人でやはりボン出身の医者のヴェーゲラーと共同して、『ベートーヴェンについての伝記的覚え書き』という本を著したことである。これは、現在でもベートーヴェン研究の基本的文献のひとつになっている。

ボンの宮廷楽団に一七七四年ごろから、ニコラウス・ジムロックというホルン奏者がいた。最初は第二ホルン奏者だったが、一七八九年に第一ホルン奏者に昇格した。しかし、なかなか商才にたけた人で、楽団の楽譜の管理人もしていたが、自分でも祈禱書や壁紙その他の販売の内職をはじめ、一七九〇年ごろに音楽関係の商売にそれをしぼっていった。そしてこの目安がつくようになってから、ジムロックはホルンを吹くのをやめて、音楽出版ひと筋に生きるようになり、これをドイツ有数の大音楽出版社に育てあげたのである。このような人だから、ジムロックは、早くも青年ベートーヴェンに目をつけていて、ベートーヴェンがウィーンにでてからも、ベートーヴェンと絶えず接触や交渉をもつようにしていた。こうしてジムロックは、ベートーヴェンの《クロイツェル・ソナタ》をはじめとして、少くとも十点以上の楽譜を初出版した。

このニコラウス・ジムロックが八十歳で一八三二年にボンで死去したとき、その息子ペーター・ヨーゼフ・ジムロックは、すでに四十一歳になっていて、父親の出版社の実権を実質的に握っていた。そして、ベートーヴェンよりも二十二歳年下だったが、やはりベートーヴェンと親しく交際した。

恩師ネーフェ

他の土地からボンにきて、ベートーヴェンと緊密な関係をもつようになった音楽家でまず見逃せないのは、ザクセンのケムニッツで生まれたクリスチャン・ゴットロープ・ネーフェ（一七四八〜一七九八）である。このネーフェは、ボンで一七七九年にグロースマンのオペラ・グループに指揮者として加わった。このグループは、アーベル・ザイラーの劇団の俳優グロースマンが一七七八年に独立して設立したもので、主としてドイツの北西部を巡業していたが、本拠をボンにおいていた。そしてネーフェは、それ以前にはザイラーの劇団の指揮者をつとめていたのであり、グロースマンとは旧知の間柄だった。

その一方で、一七七八年十一月二十六日にボンに国民劇場が開場した。そのころ、ドイツの各地の君主は、プロイセンのフリートリヒ大王の影響を受けて啓蒙主義に傾き、こぞって民衆の情操教育に積極的になっていて、たとえば民衆のために開放した劇場をオープンした。ボンの国民劇場もそのたぐいである。そして、ボンの宮廷は、一七七九年十月からグロースマンのオペラ・グループにこの劇場の上演権を与え、その指揮者のネーフェをそこのいわゆる音楽監督にした。演しものは、ジングシュピール、イタリアのオペラ・ブッファ、フランスのオペラ・コミック（ともに原則としてドイツ語で上演）などであり、そのなかにはグロースマンが台本を書き、ネーフェが作曲したジングシュピールも含まれていた。こうしたことからみると、ボンの財政もかなりゆとりができてきたことがわかる。

ところでネーフェがいつごろから少年ベートーヴェンの才能に興味をもつようになったのかは正確にはわかっていない。おそらく劇場の音楽監督に就任して間もなくのことだろうといわれている。逆に少年ベートーヴェンをネーフェに師事させようと考えたのは、ベートーヴェンの父親で、宮廷のテノール歌手のヨーハン・ベートーヴェンだった。ベートーヴェンの師としてネーフェに白羽の矢をたてたのは、この父親としてはできすぎのことでもあった。

ネーフェは、巡回オペラ・グループの指揮者から身を立てていった人だが、人格的にもすぐれていて、学識もあり、音楽の教育者としても適切であり、正統的な音楽とは何かも心得ていた。ネーフェは一七七九年末か八〇年に入ってからかに、ベートーヴェンにピアノとオルガンと作曲理論を教えることになった。ネーフェは、エマーヌエル・バッハからかなり強い影響を受けているので、その父親の大バッハの作品、なかでも《平均律クラヴィーア曲集》と、それにこのエマーヌエル・バッハの作品を、ベートーヴェンへの教材として優先させた。しかしまたネーフェは、自分の所蔵するさまざまな作曲家の楽譜も、惜しげもなくベートーヴェンに貸し与え、写譜させたのだった。こうした指導で、ベートーヴェンは、ピアノとオルガンでめきめきと腕をあげ、作曲でも著しい進歩のあとをみせた。

ネーフェは、一七八一年二月に前任者の引退に伴って、ルーテル派にもかかわらず、カトリックの宮廷オルガニストに任命され、一段と多忙になったが、さらに一七八三年から翌年には、楽長のイタリア旅行のためにその代理をつとめなければならなかったし、自分自身の旅行ということもあった。そうしたことで、ネーフェは、宮廷オルガニストの役目をしばしば助手としてベートーヴェンに委ねたのだった。ネーフェののこした記録によれば、ベートーヴェンがまだ十二歳の誕生日を迎える前の一七八二年六月に、ネーフェはミュンスターに旅行することになり、早くもこのベートーヴェンが前任の宮廷オルガニストの葬儀の際のオルガン演奏を担当した。それればかりでなくて、ネーフェは、自分が忙しくてできないときには、国民劇場でのオペラなどで代理としてベートーヴェンにチェンバロを演奏させた。こういうことは、ベートーヴェンにとっては小遣いかせぎにもなっただろうし、また励みにもなったに違いない。

しかし、ベートーヴェンにもっと大きな励みになったと考えられることは、ベートーヴェンの作曲したものをネーフェが出版させるようにしたことだろう。ネーフェが一七八三年三月にある音楽雑誌に書いたベートーヴェンの才能を紹介する記事によると、その前年にドレスラーの行進曲を主題とするピアノ用の九つの変奏曲を作曲させて、それをマンハイムの楽譜出版社から出版させたのである。また、ベートーヴェンの現存する最初のピアノ・ソナタとなった三曲は、現在では《選挙侯ソナタ》と呼ばれているが、これは一七八三年に出版されて、選挙侯マックス・フリートリヒに献呈されたものである。この年にはまた、さらに三点ほどの楽譜も出版された。

ベートーヴェン自身がネーフェから受けた教育を後年にどのように評価していたかということに関しては、ベートーヴェンの友人でのちに医者になったヴェーゲラーの「ネーフェはベートーヴェンの教育においては大きな役割を占めていない」という発言もあり、またドイツの音楽学者フーゴー・リーマンのように、ネーフェの与えた教育成果を不当に大きくみるべきではないという説もあるが、ベートーヴェン自身は、ネーフェに大いに感謝していたとみるのが妥当だろう。というのも、ベートーヴェンは、一七九三年に、ネーフェに宛てた手紙で、「あなたが私に何回となく与えて下さった御忠告に対して感謝の気持をお伝えしたいと思います。そして、こうした御忠告は、私の神聖な芸術の進展のために役立ったのです」と述べているし、別のところでは、「将来自分が偉くなったとすれば、それはまさにあなたのおかげです」と書いているからである。

最初の留学

さて、いよいよ一七八四年になる。いよいよと書いたのは、この一七八四年がボンの政治や文化にとって、大きな変革の年となったからである。ボンにとってこの方面で重要な人物が相ついで他界していったことがその大きな原因である。

まず一七八四年に入って一月に、ボンの宰相が死去し、三月に国民劇場の総監督であるグロースマン夫人が死亡し、さらに四月にはマックス・フリートリヒ選挙侯が亡くなった。

つぎに選挙侯に就任したのは、マックス・フランツだった（一七八四年八月）。このマックス・フランツ侯は、一七九四年までその地位にあって、ボンの最後の選挙侯となった人である。この人は、十五世紀以来神聖ローマ帝国の皇帝の地位を受けつぎ、オーストリアの皇帝も代々兼ねてきた名門のハプスブルク家の出身であり、マリア・テレージア女帝の末子で、当時のオーストリア皇帝ヨーゼフ二世の弟だった。

このマックス・フランツ侯も、典型的な啓蒙君主で、オーストリアとプロイセンを範例にしながら、国民の教化に積極性をみせた。そうした面での彼の功績はいろいろあるが、ベートーヴェンととくに関連したことでは、ボン大学の設置（一七八六年）とすでに閉鎖されてしまっていた国民劇場の再開（一七八九年）である。大学は、設置といっても、実際には、先代のマックス・フリートリヒ侯が一七七七年に専門教育を目的として開設したアカデミーを昇格させたものだった。

ベートーヴェンは、実力を認められ、また師のネーフェからの推薦もあったことで、マックス・フランツが選挙侯として着任する二ヵ月ほど前に、ネーフェの私的な代理ということではなくて、宮廷の第二オルガニストに任命され、俸給をもらう身分となった。ただし、これはネーフェの俸給の半分足らずである。しかし、これによってベートーヴェンの経済がいくらかうるおったには違いない。

たしかに、ベートーヴェンは、この俸給をかなり蓄えこんでいたようだ。それは、何人かの人がすすめているウィーンへの留学が目的だった。そしてベートーヴェンは、一七八七年春に念願のウィーン留学を実現させた。それについては、他から多くの援助を受けたわけではないようで、ほとんど自費でまかなったらしいとされている。ただし、宮廷の第二オルガニストの地位を辞任したわけではないらしいので、宮廷側もベートーヴェンの留学にはある程度理解を示していたのだろう。

しかし、この留学は長い期間にはならなかった。ベートーヴェンの母親の病気が重いということで、またボンに帰らなければならなくなったからである。ウィーン滞在は、二週間前後だったらしい。だからこのウィーン行きは、結果としては、留学ということよりも、見聞をひろめること、あるいは将来への足がかりの見当をつけておくことになったにすぎないとみていいだろう。なお、ベートーヴェンの母親は、この一七八七年七月十七日に死去した（一二二頁参照）。

こうしたことで、ベートーヴェンの家庭に危険な兆候があらわれてきた。父親は、ベートーヴェンの祖母が副業としてはじめたワインの販売から無類の酒好きになってしまった系統を引いて、並外れてワインを飲んでいたのだが、今度は気力を失ってしまって、完全に酒びたりになってしまった。当然にベートーヴェンは、二人の弟の面倒をみながら、家計の心配をしなければならなくなった。オルガニストとして宮廷からもらう俸給だけではもちろん不足なので、上流社会の子弟たちにもピアノを教えるようになった。

ブロイニング家

そうしたベートーヴェンのピアノの弟子のなかにブロイニング家の長女エレオノーレと三男ローレンツがいた。ブロイニング家をとりしきっていたのは未亡人で、彼女とその子供たちはすべてインテリであって、知識欲に燃えていた。このブロイニング家をベートーヴェンに紹介したのは、友人のヴェーゲラーである。そして、ヴェーゲラーもブロイニング家の子供たちも、ともにマルクト広場にあって学生や知識人たちのたむろしている「ツェアガルテン」というレストラン兼書店に出入りし、そのグループに加わっていたのである。

ベートーヴェンは、ブロイニング家に赴いて、エレオノーレとローレンツにピアノを教えた。そしてこの出張レッスンは、おそらくベートーヴェンにとって予想外の知的な収穫をもたらすことになった。未亡人がベートーヴェンに知識人としてもつべき基礎的な教養への目を開かせたからである。ベートーヴェンは、自由に気のむくままブロイニング家ですごし、読書にふけることができた。そして、根本的にはこうした未亡人からのアドヴァイスが大きな刺激となって、やがてベートーヴェンはボン大学に入学するのである。

ブロイニング家との関わり合いのなかで、ベートーヴェンにとって重要なことはまだいくつかある。まずエレオノーレのことがある。エレオノーレは、ベートーヴェンよりも半歳ほど下で、ベートーヴェンがウィーン進出のためにボンをはなれる少し前まで、彼と相当に親密な交際をつづけていた。ベートーヴェンから彼女に宛てた手紙ものこっている。ときには何かのことで二人の間に衝突がおこったこともあるが、ベートーヴェンは、ボン時代にも、またウィーンにでてからも、彼女に作品を贈っている。こうしたことから、彼女は、ベートーヴェンのいわゆる「不滅の恋人」の有力候補と考えられたこともある。しかしこの見方は、現在ではほぼ完全に否定されている。

なお、ブロイニング家の次男で、エレオノーレの弟であるシュテファンは、ベートーヴェンよりも四歳年下で、ベートーヴェンとともにリース（父）からヴァイオリンを学び、もちろんベートーヴェンと親交を結んだ。シュテファンは法律家をめざし、弟のローレンツは医者を志望していて、この二人は一七九四年にその勉強のためにウィーンにでて、ベートーヴェンと再会して、親交をさらに深めた。ローレンツは、ふたたびベートーヴェンからピアノを習いはじめたが、病弱のために一七九七年にはボンにもどり、その翌年に死亡した。兄のシュテファンは、この葬儀ののちにウィーンの宮廷で次第に地位をあげてゆく。シュテファンとベートーヴェンとの交際はもちろんつづいたが、二人とも頑固で一本気なところがあって、二人の関係がときには深刻な不和におちいることもあった。ベートーヴェンは、ヴァイオリン協奏曲作品六一をこのシュテファンに献呈しているが、またシュテファンの息子ゲルハルト（一八一三年生まれ）をたいへんにかわいがった。ゲルハルトも、晩年の巨匠をほとんど毎日のようにたずね、慰めたのだった。このゲルハルトは、ウィーンでも有数の著名な医者になった。そのベートーヴェンへの回想記は、ベートーヴェン研究にとって貴重な文献になっている。

ヴァルトシュタイン伯爵

おそらくブロイニング家のサークルでベートーヴェンが知り合ったもう一人の重要な人物にヴァルトシュタイン伯爵（一七六二〜一八二三）がいる。ヴァルトシュタイン伯（正確にはフェルディナント・エルンスト・フォン・ヴァルトシュタイン伯爵）は、ボヘミア出身ではあるが、ウィーンの名門貴族であって、おそくとも一七八八年に、ドイツ騎士団の資格試験のためにボンにきた。その当時この騎士団のいわゆる団長がマックス・フランツだったからである。そのときに伯ははじめてベートーヴェンに会ったもののようである。

このヴァルトシュタイン伯は、めでたく騎士の資格をえて、一七八八年六月十七日のその認証式の盛大な式典に出席するために、またもボンにやってきた。この機会に、ベートーヴエンは、《騎士バレエ》（WoO〔作品番号なしの作品〕一）を作曲することになったものらしい。その音楽は全部で八曲からなり、そのなかのいくつかの主題や動機は、ヴァルトシュタイン伯の示唆によるものだろうと推定されている。伯は、熱心な音楽愛好家であり、自身ピアノも演奏したし、素人ながら作曲もした。

このバレエは、アーヘンの舞踊団の団長のハービヒとヴァルトシュタイン伯が振付をして、一七九一年三月六日に上演された。この日は、謝肉祭の日曜日だった。しかし、このときには作曲者はヴァルトシュタイン伯となっていた。現在流でいえば、ベートーヴェンは、ゴーストライターだったのである。このことはベートーヴェンも承知の上であって、ベートーヴェンとしては、目をかけてくれる伯爵がこのバレエを気に入っていたので、伯のために、あえて自分の名を伏せたのだといわれているが、また音楽そのものに対してそれほど充実したものとは考えていなかったようである。

しかし、ヴァルトシュタイン伯をこのバレエの作曲者としたことは、結果的にみて決してマイナスにはならなかった。伯がやがて、当時のボンではみかけることの少かったアウグスブルクのJ・A・シュタイン製の上等なピアノをベートーヴェンに贈ったのも、このこととおそらく無関係ではないだろう。もっとも伯爵は、ピアノの名手としてのベートーヴェンの向上的な姿勢を高く評価していたのでもあった。それ以後のベートーヴェンのボン時代のピアノ作品には、このピアノが介在する。

ヴァルトシュタイン伯は、一七八七年にはじめてベートーヴェンに会って、すぐにベートーヴェンにウィーン留学をすすめたと推測されている。ベートーヴェンが一時期に住んだことのある家の家主のパン屋テオドール・フィッシャーの娘チェチーリアとその弟ゴットフリートは、ボン時代のベートーヴェンのことを伝える重要な手記をのこしているが、それには、「マックス・フランツ選挙侯は、ヴァルトシュタイン伯爵に、ウィーンにゆくルートヴィヒ・ファン・ベートーヴェン氏の面倒をみるよう依頼した」と記されている。これは、一七九二年秋のベートーヴェンのウィーンへの出発に関係するものである。これによって、ベートーヴェンは、五年前のウィーン旅行のときよりも、気分的にずっと楽になったことになるわけだが、今回のウィーン留学も、伯の強力な支持があったからのようで、これも、《騎士バレエ》といくらかは結びついていることなのだろう。そして伯は、ベートーヴェンのスケッチブックに、一七九二年十月二十九日の日付で、さし迫ったベートーヴェンのウィーンへの旅行に関連して、「もし君は努力をするならば、ハイドンの手からモーツァルトの精神を受けとることになろう。君の誠実な友人ヴァルトシュタイン」と書き込んだのだった。

　こうしてベートーヴェンは、ボンを出発した。おそらく、ボンの宮廷から許された留学期間は一年か二年くらいだったのだろうが、ベートーヴェンは、これ以後ふたたびボンの街に足を踏み入れることがなかった。

第3話　青春のボン

ウィーンへの旅立ち――ベートーヴェンは以後ふたたび故郷ボンに帰ることはなかった。
しかしここでは、まだベートーヴェンとボンの話をつづけなければならない。

ライヒャの影響

ベートーヴェンは、一七八五年にボンの宮廷楽団にフルート奏者として入団してきた同年生まれのアントン・ライヒャ（一七七〇～一八三六）とすぐに親しい友人となった。ベートーヴェンは、すでにそこでヴィオラを担当していたのである。このライヒャは、ボヘミア出身なので、チェコあたりではアントニーン・レイハと呼ばれているが、ここではドイツの慣習にしたがって、アントン・ライヒャと記すことにする。

このアントンは、チェロ奏者である叔父のヨーゼフ・ライヒャとともにボンにきて宮廷楽団に入ったのだが、ヨーゼフはすぐにその楽長に就任した。そして、アントンは、親友のベートーヴェンとともに、一七八九年の夏学期にボン大学に入学した。

アントン・ライヒャは、音楽のことも含めて、豊かな学識と教養をもっていた。その豊かさから、若いベートーヴェンは、多大な影響を受けたのだった。しかし、ピアノの演奏と実際の作曲の方面では、ベートーヴェンのほうがずっと卓越していたという。それでものちに、ベートーヴェンは、ライヒャのいくつかの作品を「これらの曲はよく書けている」と述べて、ライプツィヒの出版社に出版するようすすめたこともある。ライヒャは、ボンがフランス兵に侵攻されると、ハンブルクに逃れ、それからパリに移った。そして一八〇二年に、ウィーンでベートーヴェンとほぼ十年ぶりに（ベートーヴェンの手紙では「八年間の別離ののちに」）再会し、一八一八年までウィーンにとどまっていた。

因みに、ライヒャはその後パリの音楽院の作曲科の教授になり、その門下からはリスト、グノー、ベルリオーズ、フランクなどの逸材がでた（ただしリストは私的に師事）。

ボン大学聴講生

ところで、ボンの大学は、ベートーヴェンが入学したころは、アカデミーから昇格してまだ四年ほどしかたっていなかったが、選挙侯の啓蒙的方針で、優秀な教授陣をもち、ヨーロッパの大学のなかでも、屈指の充実さを誇っていた。しかも、学生の授業料は不要だった。そうしたなかで、ベートーヴェンは、進歩的な思想の持ち主で詩人で、またギリシャ文学を講ずるオイロギウス・シュナイダー教授からとくに強い影響を受けた。そしてベートーヴェンは、この人の詩の講読者に加わったのである。たとえば、一七八九年にフランス革命が発生したときに、シュナイダー教授は、熱烈な語調でこの革命の意義を説く講義をし、ベートーヴェンを含む聴講の学生たちを大いに感激させた。その翌年には教授は、革命思想を盛りこんだ詩集を出版して、ベートーヴェンに多大な影響を与えた。

こうしたこと以外にも、シュナイダー教授は、青年ベートーヴェンの思想形成に大きな感化をおよぼしたと推定されている。のちにウィーンに出たベートーヴェンは、作品においても言動においても、何回となく自由主義的な、あるいは革命的な思想を発表したのだった。

ボン大学の教授で、ベートーヴェンと歴史にのこるような交渉のあった人に、バルトロメウス・ルートヴィヒ・フィッシェニヒがいる。この人は、イエナ大学で学んだのだが、そのときにシラーと親交を結ぶようになった。そして、二十代でボン大学に教授として赴任し、そこで法学と哲学を講じていた。ベートーヴェンは、その哲学を聴講したばかりでなく、個人的にも接触し、シラーを中心とする文学への造詣も深めた。フィッシェニヒ教授が一七九三年一月二十六日にシラーの夫人シャルロッテに宛てた手紙には、つぎのように記されている。

ゾフィー・メロー・ブレンターノの詩「焔の色」の歌曲を同封します。これについてあなたの御意見をおきかせ下さい。これは、当方の若い青年の作品です。彼は、その音楽的才能を一般から高く評価され、最近選挙侯によって、ウィーンのハイドンのもとに派遣されました。彼はまた、シラーの「歓喜」に、しかも、その全部の詩節に、音楽をつけようとしています。彼が偉大で崇高なことのみに関心を示しているので、私は彼が何か完璧なことをするだろうと期待しています。ハイドンは、ベートーヴェンに大きな作品を書くよう指示したいのだが、間もなく（若いベートーヴェンの才能のゆえに）、その作曲を放棄してしまうのではないかと心配しているとボンに伝えてきました。それはともかく、ベートーヴェンは、同封したような小品には興味をもっていないのです。この曲は、ある若い女性からの求めに応じて書かれたものにすぎません。

これに対するシャルロッテ・シラーの二月十一日付の返事の手紙には、「『焔の色』の曲はたいへんに立派なものです。私は、その芸術家に多くのことを期待していますし、彼が『歓喜』を作曲するのを喜んでいます」と書かれている。

後年の第九交響曲の歌詞への関心は、もうすでにこのころに芽生えていたのだった。

ボン大学の医学部には、ベートーヴェンが入学したのとほぼ同じころに、友人のヴェーゲラーが弱冠二十四歳で教授として入ってきた。こうして、二人の友情はまた深まり、ベートーヴェンがウィーンに進出するまでそれはつづいた。なお、ヴェーゲラーは、当時のベートーヴェンの憧れの女性であったエレオノーレ・ブロイニングと結婚した。

ベートーヴェンは、ボン大学に入学する以前から、前述のように宮廷楽団でヴィオラを担当していたが、一七八九年に国民劇場が再開されると、そこでもベートーヴェンとアントン・ライヒャは、それぞれヴィオラとフルートを奏した。この国民劇場の新任の音楽監督はヨーゼフ・ライヒャで、舞台監督はネーフェ、ヴァイオリンのトップはフランツ・リースだった。このような事情だったので、ベートーヴェンにとっては国民劇場で働くことは、いわば仲間うちで仕事をしているようなものだった。しかも、モーツァルトの《フィガロの結婚》や完成されたばかりの《ドン・ジョヴァンニ》や、そのころの作曲家のいろいろなオペラが上演されていて、ベートーヴェンは働きながら、そうした作品、とくにモーツァルトのものから、多くを学びとったのだった。

最初の宗教曲

ベートーヴェンがこのような生活を送っているときの一七九〇年二月二十日に、ボンの選挙侯の兄で、オーストリア皇帝のヨーゼフ二世が死亡した。ボンでこれが報道されたのは、二月二十四日である。そこでボンの読書協会は、その追悼会を企画し、それを三月十九日におこなうことにした。読書協会（レーゼゲゼルシャフト）は、啓蒙的な風潮にのって知識人たちにより一七八七年に設置され、市庁舎のなかに集会所をおいたグループで、もちろん読書会もおこなうが、また建設的な意見の交換や親睦の役目ももっていた（これは、現在までもつづいている）。そして、この協会には、ヴァルトシュタイン伯をはじめとして、ベートーヴェンの多くの友人たちが有力なメンバーとして加わっていた。

協会は、ヨーゼフ二世の追悼会のための準備会を二月二十八日に開いた。やはりその会員であるオイロギウス・シュナイダー教授は、その席で追悼の言葉を述べたのち、追悼の音楽を演奏したいと提案し、そのためにすでに若い詩人が詩を書いたので、協会に属する音楽家か外部の作曲家がそれに音楽をつければいい段階にまでなっていると説明した。こうして、ごく自然のことのように、その作曲者にベートーヴェンが推されたのであり、この結果、ベートーヴェンは、《皇帝ヨーゼフ二世の死去に際してのカンタータ》（葬送カンタータ、WoO八七）という曲の作曲をはじめた。そして、これは、独唱と合唱と管弦楽のためのもので、七曲からなるものとなった。その歌詩は、当時神学を勉強していたゼーフェリン・アントン・アーファードンクという人の作だった。

ところで、ベートーヴェンが実際にこの曲をいつ作曲しはじめ、いつ完成したのか正確なところはわかっていない。アーファードンクは、シュナイダー教授の言によると、すでにその詩を書きあげていたとのことだが、実際にまだ脱稿していないで、二月二十八日には完了していた。とすると、ベートーヴェンが作曲をしはじめたのは、二月末か三月はじめということになる。これでは、たとえ作曲の筆がおそいベートーヴェンだといわなくとも、追悼会までに完成を間に合わせるのはたいへんな大仕事である。追悼会の二日前の三月十七日の最終的な準備会で、ある委員から、カンタータは実際上演奏不可能だという報告があった。これはベートーヴェンの音楽がまだできあがっていないことに大きな原因があったようだ。

ボンの宮廷の侍従のクレメンス・アウグスト・フォン・シャルは、一七九〇年六月の手紙で、アーファードンクの詩による皇帝ヨーゼフ二世の死去のためのベートーヴェンの「ソナタ」が完全にできあがっていて、すでに演奏されてもいい状態になっていると報じている。したがって、おそくとも六月には書きあげられたとみていいだろう。しかし、そうすると、追悼会が終わってしまっているのに、なぜベートーヴェンは、完成したのだろうかという疑問がのこる。ベートーヴェンは、大いに精力を注いでこのカンタータの作曲に意欲をみせていたために作曲を中断する気にならなかったとも考えられるだろうし、ボン時代のはじめての大曲なので、ぜひとも完成させたかったともいえるだろう。あるいはもっとうがって推察すれば、ヨーゼフ二世の後任の皇帝の戴冠式がやがておこなわれ、そのためのカンタータも作曲することになるという可能性もあるとみて、二つのカンタータを対にしておこうということもあったかもしれない。それにしても、ベートーヴェンは、少くとも葬送カンタータの演奏の機会がいずれあることを期待していたに違いない。

ヨーゼフ二世のあとを受けて皇帝の地位についたのは、弟のレーオポルト二世である。当然に、この新皇帝は、ボンのマックス・フランツ侯の兄にあたっている。レーオポルト二世は、一七九〇年九月三十日に即位し、その戴冠式は十月九日にフランクフルトでおこなわれた。ボンの選挙侯マックス・フランツがベートーヴェンに《レーオポルト二世の皇帝即位に際してのカンタータ》（戴冠式カンタータ、WoO八八）の作曲を依頼したのかどうか正確には知られていない。しかし、依頼したという可能性は充分にある。というのも、マックス・フランツは、この戴冠式に出席していて、この機会にベートーヴェンの存在を名士たちに教え、同時に自慢したかったのではないかということは充分に想像できるからである。

このカンタータの広告が一七九〇年十月のボンのある新聞に掲載されている。それによると、その歌詞は、やはりアーファードンクの作である。それと同時にこの広告から、このカンタータは、その時点で完成されていたかあるいは完成間近だったことが知られる。しかし、このカンタータが戴冠式で演奏されたという記録はのこっていないし、その後のベートーヴェンの在世中に演奏されたことがあったのかどうかも知られていない。

カンタータの評価

《葬送カンタータ》と《戴冠式カンタータ》は、似たような運命をたどった。両方の曲のベートーヴェンの自筆の楽譜は失われてしまっている。ともにベートーヴェンの生存中に完全な形で演奏された形跡はないし、その楽譜も出版されなかった。しかも、この二曲の写譜稿は、楽譜蒐集家のある男爵の遺産のなかから発見され、それからピアニストで作曲家のフンメルの手に移り、その死後にまた他人の手にわたったりしたのち、ウィーンの国立図書館に保管されるようになった。そしてそれらの楽譜は、一八八八年になってはじめて、ブライトコプフ・ウント・ヘルテルのベートーヴェンの（旧）全集の補巻に収められて出版されたのだった。このようなことから、ベートーヴェン自身も、この二曲は対をなすものとみていたと推定できる。

しかし、ベートーヴェンは、どちらかというと、二曲のなかでは《葬送カンタータ》のほうを大切にし、これにより大きな自信をもち、これの演奏の機会を狙ったようだし、この曲の楽想あるいは音楽的素材の一部をのちの作品で転用している。そして、《葬送カンタータ》のほうが《戴冠式カンタータ》よりも規模が大きい。

ウィーンの音楽評論界の大御所のハンスリックは、この《葬送カンタータ》の総譜を一八八四年にブラームスにみせている。一八八四年というと、フンメルの死後にライプツィヒの古本屋からこの二曲のカンタータの写譜稿が発見された年である。そして、ハンスリックとブラームスがその作曲者の確認にあたったのだった。その直後にブラームスは、友人に宛てた手紙で、これらが完全にベートーヴェンの作品であることを強調し、とくに《葬送カンタータ》にふれて、その表現力を絶賛し、そこには後年のベートーヴェンの作品と関連づけられる特質があると述べ、《葬送カンタータ》のほうを高く評価したのだった。さらにまた、その楽譜がライプツィヒで発見され、それをウィーンの音楽愛好家でジャーナリストのアルミン・フリートマンが買いとってから、ほぼ半年後の一八八四年十一月二十三日にウィーンの楽友協会でその初演がおこなわれた。それにつづいて他の音楽都市でもこのカンタータは演奏された。たとえば、ボンでは一八八五年六月二十九日に演奏されている。これに対して、《戴冠式カンタータ》では、少くとも第二次世界大戦までの演奏記録は見当らない。以上のようなことから、ベートーヴェン以外の人たちも、二曲のうちで《葬送カンタータ》のほうを高く評価していたことが知られる。

ベートーヴェン自身に関していえば、《葬送カンタータ》の第三曲のソプラノのアリアの一部分の楽想をのちの《フィデリオ》の第二幕フィナーレのソステヌート・アッサイのところ（「おお神よなんという瞬間……」）に転用した。これは、ドイツの音楽学者のアルフレート・ホイスが一九二四年十月に「フィデリオにおけるヒューマニズムのメロディー」という論文ではじめて指摘したことである。カンタータでの柔和なオーボエのメロディーの一部分が、ここのところと近似した情感をだすために、《フィデリオ》でも利用されているのである。

メルゲントハイム

ところで、フランクフルトの東方百キロほどのところにメルゲントハイムという町がある。そこには、一五二七年から一八〇九年までの間、ドイツ騎士団の領地があり、騎士団長の住居があった。一七九一年秋に、マックス・フランツ侯がそこにでかける機会に、ベートーヴェンは、侯に同行した。これは、九月十八日から十月二十二日まで同地で侯の主宰のもとにドイツ騎士団の大会が開かれることになったからであって、侯および参会者の気分転換のために、ボンからメンバーを選りすぐって約二十五名編成のオーケストラも出張することになったからである。侯の一行は、九月五日の午後九時にメルゲントハイムに到着した。マックス・フランツ侯たちは十一月五日まで同地に滞在し、それから侯はウィーンに向い、オーケストラの連中はボンにもどった。

この旅行は、ベートーヴェンにとって、かなり大きな意義があった。一行は、途中でマインツの選挙侯その他の夏の宮殿のあるマイン河畔のアシャッフェンブルクに滞在したが、その宮廷には当時の著名な音楽家のフランツ・シュテルケルがいた。シュテルケルは、宮廷礼拝堂の司祭とオルガニストをつとめていたほかに感性の豊かなピアノの演奏で高い定評をえていた。ベートーヴェンは、リースとジムロックに連れられてシュテルケルのところにゆき、そのピアノの演奏に接した。その演奏は、デリケートな情感にみちあふれていた。ベートーヴェンは、親友のヴェーゲラーによると、これまでピアノの有名な演奏家の演奏をきいたことがなく、荒々しい演奏をしていて、ピアノでもっと微妙なニュアンスをだせることを知らなかったので、このシュテルケルの演奏に大いに啓発されたのだった。

ハイドンとの出会い

さて、カンタータに話題をもどそう。ヴェーゲラーの伝えるところによると、ハイドンは、第一回目のイギリス旅行からの帰途、ボンに立ちより、選挙侯から、ボンにほど近いゴーデスベルクで朝食の接待を受けた。そのとき侯のオーケストラが演奏のサーヴィスをした。この機会にベートーヴェンは、ハイドンにカンタータをみせ、ハイドンからその作曲家としての才能を認められたという。ヴェーゲラーは、さらに言葉をつづけて、このカンタータは、その後にメルゲントハイムで演奏されることになったが、とくに管楽器のパートにいくつかのむずかしいところがあり、演奏不可能だという奏者もいて、結局その演奏はとりやめになったと述べている。ジムロックも、メルゲントハイムのことでこれとほぼ似たようなことを伝えているが、ベートーヴェンがメルゲントハイムでカンタータを書いたとしている。そして、ジムロックは、そのカンタータを数回練習したものの、演奏できないということで、侯爵邸での本番までにはこぎつけられなかったというようなことを記している。

このハイドンにみせ、またメルゲントハイムで練習したカンタータとは、正確にはどれを指すのか明らかにされていないが、セイヤー＝フォーブスのベートーヴェン伝では、ベートーヴェンがより大きな愛着を抱いていたからこそ、このカンタータは、《葬送カンタータ》のほうだと推定している。この可能性は大いにありうるだろう。

ところで、ヴェーゲラーの記述には重要な問題点がある。それは、ハイドンの第一回目のイギリス旅行からの帰途というところ以下である。このイギリス旅行は、一七九〇年十二月十五日のウィーン出発ではじまり、一七九二年六月末ごろにハイドンはロンドンを出てウィーンに向ったことになっている。そうすると、ベートーヴェンがカンタータをハイドンにみせたあとで、このカンタータの練習がメルゲントハイムでおこなわれ、そのときベートーヴェンもメルゲントハイムにいたということとは矛盾する。つまり、メルゲントハイムにボンのオーケストラがでかけたのは、一七九一年秋だからである。ヴェーゲラーのいうように、ベートーヴェンのカンタータをみてハイドンが関心をよせたというのが事実だとすれば（そしておそらくこれは事実だろう）、ハイドンがイギリスに赴く途中のクリスマス前後か帰途の七月だったということになる。この七月というのは、ベートーヴェンがウィーンに進出する少し前に相当する。そのどちらが正しいのかは現在となっては不明だが、客観的にみると、ハイドンの朝食のときにオーケストラが演奏していたということ（クリスマスのときには、食事は侯爵からハイドンの安ホテルにひそかに用意されていたものだったが、オーケストラは宮殿での侯の食事の伴奏をしていただろう）と、ベートーヴェンがハイドンに師事する意志を固めていた時期から推定すれば、ハイドンのイギリスからの帰途のときのほうが確率が大きいようだ。

もしそうだとすれば、ハイドンがベートーヴェンのカンタータをみたあとで、このカンタータがメルゲントハイムで練習されたというヴェーゲラーの記述がおかしくなってくる。この場合は、おそらくヴェーゲラーの順序の記憶違いということになろう。

ただし、これでもまだ問題はのこる。ジムロックは、ベートーヴェンがメルゲントハイムで書いたカンタータをそこで練習したと述べている。ベートーヴェン研究家のシーダーマイアーは、その古典的な名著『若きベートーヴェン』で、ベートーヴェンとしては、このカンタータをかつて大家にみせているので、メルゲントハイムでその改訂をしたとは当然に考えられるとの意見をだした。そうすると、この大家というのはおそらくハイドンのことだろうが、ハイドンは、イギリスに向う途中でベートーヴェンの作品をみたということになる。

それはともかくとしても、このカンタータが演奏されるということになったので、ベートーヴェンは、しまっておいたこの作品を久しぶりにとりだし、それに改訂の手を加えたのだとみるほうがむしろ妥当だろう。この仕事をしているベートーヴェンをみて、ジムロックは、ベートーヴェンが新しいカンタータを作曲していると思ったわけである。そして、これは、ほぼ承認されうる仮定の上に立って、ベートーヴェンが愛着をもっていた《葬送カンタータ》と考えていい。なぜかというと、愛着をもっていたからこそ、改訂を施すことになったとみられるからである。

ウィーンへ

ベートーヴェンがウィーンに出て、まず第一に師事すべくたずねたのはハイドンだったが、ハイドンにベートーヴェンを門下生にしてくれるよう頼んだのは、ボンの選挙侯だったといわれていて、その時期は、ハイドンのロンドンからの帰りのときだったとされている。そして、このことは、ハイドンの到着前に、選挙侯からベートーヴェンに内示があったに違いない。それだからこそ、ベートーヴェンは、精力を傾けて書いた《葬送カンタータ》をハイドンにみせることにしたのだとは考えられないだろうか。

ベートーヴェンは、一七九二年の十一月に入ってから、ボンをあとにしてウィーンに向った。通常ならば、ボンではこれから芸術シーズンが開幕になるところで、ベートーヴェンもボンにいれば多忙になるわけだったのだが、ボンは、フランス革命軍による危機にさらされていて、選挙侯をはじめとして上流階級の人たちが続々とボンを去ることにしていたので、とても音楽や演劇どころではなかった。こういうことを見通して、選挙侯は、ベートーヴェンに早い機会に出発の許可を与えたのだろう。マインツはすでに十月に陥落していた。そして、ボンは、一七九四年十月十二日にフランス軍の手に落ちた。ウィーンにいるベートーヴェンに送られるはずの生活費も、政情不安のために打ち切られてしまっている。

マックス・フランツ侯は、フランス軍による占領直前に決定的にボンから脱出し、二度とボンにもどることなく、一八〇一年にウィーンの近郊で淋しく世を去り、ボン（ケルン）の最後の選挙侯として生涯を終えた。もっとも、ドイツ国王を数名の諸侯によって選出する選挙侯という制度も、それからほどなくした一八〇六年の神聖ローマ皇帝廃止に伴って、有名無実化してしまったのである。

セイヤーはベートーヴェン伝で、「フランス革命が勃発していなかったら、ボンは学問と芸術の輝かしい中心地になる運命をになっていたように思われる」と書いている。

vanの発音

なおここで、独断的見解をもうひとつ加えておこう。それは、ベートーヴェンの名前の発音および日本語のカタカナでの記し方に関してである。ベートーヴェンと記すことが現在では普通といってもいいくらいだが、ドイツ語関係の人たちからは、相変わらず、vをwと発音して、ベートーヴェンとしてしまうのはおかしい、ベートーフェンではないだろうかといった意見が出されている。

ところが、ボン時代のベートーヴェンは、自作品その他でBeethovenではなくて、Beethovenと書いていることが多かった。たとえば、一七九〇年ごろに作曲されたとされている自筆楽譜でもそうである。このようなことからみると、ベートーヴェン一家ではベートーフェンでなくてベートーヴェンと呼び、他人からもそう呼ばれたいと思っていたのかもしれないし、ベートーヴェン自身もときにはそのほうが好ましいと考えていたのかもしれない。

また、ルートヴィヒ・ファン・ベートーヴェンのファンを、ヴァンにすべきかファンにすべきかでも意見が分かれていた。このファンはネーデルラントのほうに由来するので、ヴァンが正しいという人もいた。しかし、オランダ人にたしかにファンがつく人が多いが、彼らはそれをファンと発音している。しかも、ベートーヴェンの家系は、一六〇〇年代まで確認でき、フランス語化する前のベルギーでやはりファン・ベートーヴェンと名のっていた。こういうことで、ヴァンではなくて、ファンと発音するほうがいいのではないだろうか。つまり、ルートヴィヒ・ファン・ベートーヴェンの綴りには、二つのvが含まれているが、それぞれのvの発音が違っていたのだとはいえないだろうか。

インテルメッツォ　ベートーヴェンの愛――婚約説をめぐって

一八〇六年三月二十九日に、ベートーヴェンは、改訂したオペラ《レオノーレ》を上演した。そのあとの五月に、ベートーヴェンは、フランツ・ブルンスヴィク伯のマルトンヴァシュアールの邸宅に滞在し、その折にフランツの二歳年長の姉テレーゼとの結婚の承諾をえて、テレーゼとの婚約にふみきったという話が伝えられている。日本の研究者あるいは評論家の書いたものをみても、この話が無批判的に使用されていることが多い。はたして、ベートーヴェンはこのときに婚約したのだろうか。

ブルンスヴィク伯家は、ハンガリーの貴族で、ブダペストの南方のマルトンヴァシュアールのほかに、コロンパとオーフェンに居城あるいは邸宅をもっていたが、夏には主としてマルトンヴァシュアールに生活の本拠をおいていた。一七九九年に伯家の未亡人は、二人の娘テレーゼとヨゼフィーネをつれてウィーンにでてきて、彼女たちをベートーヴェンのもとに入門させている。このテレーゼは、のちの一八四六年に自分の日記をもとに「私の半世紀」と題する回想録の執筆をはじめた。そして、これを重要な資料源として、ドイツの音楽学者ラ・マーラ（本名はマーリエ・リプシウス）は、『ベートーヴェンの不滅の恋人』（一九〇九年）と『ベートーヴェンとブルンスヴィク家』（一九二〇年）の二つの著書を出版した。この『ベートーヴェンの不滅の恋人』のなかで、テレーゼがベートーヴェンにはじめて会ったときの回想が引用され、さらにつぎのような彼女の言葉も記されている。

ベートーヴェンともっとも親密な心の通った友情がつくられたのは、そのときであった。そして、この友情は、ベートーヴェンが生涯を閉じるまでつづいた。ベートーヴェンは、オーフェンにきたし、マルトンヴァシュアールにもきた。彼は、私たちの選ばれた人たちの社交界に加えられた。……

テンガー説とチェッケ説

ところで、一八〇六年五月にベートーヴェンがマルトンヴァシュアールにゆき、婚約にまでこぎつけたという説を発表したのは、マリアン・テンガーである。テンガーは、『個人的な回想によるベートーヴェンの不滅の恋人』という著書を一八九〇年に出版し、そのなかで婚約のことを記したのだった。そして、それが次第にいくつかのベートーヴェン伝などにもとりあげられるようになったわけである。

年代的にみると、テンガーは、テレーゼの回想録によるラ・マーラの著書をまだ知らなかったことになる。そして、ラ・マーラのテレーゼの回想によると、テレーゼとヨゼフィーネの姉妹は、五月末にはマルトンヴァシュアールにはいないで、妹のシャルロッテ・テレーキの初産の手伝いのためにルーマニアのジーベンビュルゲン（トランシルヴァニア）に七月六日以後まで旅行していたのである。それに加えて、テレーゼは、熱烈に愛した「トーニ」と呼ぶ男を失って、この当時は悲しみに沈んでもいた。テレーゼが一八〇五年に妹のシャルロッテに宛てた手紙には「ほかのことはすべて無意味です。生きて愛されることだけです」とあり、シャルロッテは、彼女に「トーニはもどってきました。彼の心は変わってはいません。おお、お姉様、あなたにとって何という喜びでしょう。……私はまた、あなたの心からの希望がとげられない悩みをひしひしと感じます」と書いた。

こうしたことから、テレーゼの心境は、この時期にはベートーヴェンを愛するという状態になりえなかったし、もしベートーヴェンと婚約したとしても、その直後にベートーヴェンとはなれて、ジーベンビュルゲンにでかけてしまうということも、いささか不可解である。

それとは別に、ベートーヴェンは、本当にマルトンヴァシュアールにその当時は滞在していたのかどうかということも問題になる。マリアンネ・フォン・チェッケ博士は、その著書であるテレーゼ・ブルンスヴィクの伝記（一九三八年）のなかで、このベートーヴェンの滞在を全面的に肯定はしなかった。この女性の博士は、ブルンスヴィク家の隣接地の人の昔話を根拠として、ベートーヴェンの滞在をありうることだとしているのである。しかし、とにかく遠い昔のことなので、このベートーヴェンの滞在は、テレーゼが回想しているように、実際にあった一八〇〇年のことと取り違えているのかもしれない。

ベートーヴェンのこの一八〇六年五月から秋までの手紙で知られるベートーヴェンの発信地は、つぎのようになっている（アンダースン編の英訳の書簡集による）。

(1)五月四日ウィーン、ペーター・フォン・ブラウン男爵に
(2)七月五日ウィーン、ブライトコプフ・ウント・ヘルテルに
(3)夏にウィーン（?）、フリートリヒ・ゼバスチャン・マイヤーに
(4)九月三日トロッパウの近くのグレーツ、ブライトコプフ・ウント・ヘルテルに
(5)初秋ウィーン、ラズモフスキー伯に
(6)十一月一日ウィーン、ジョージ・トムスンに
(7)十一月十八日ウィーン、ブライトコプフ・ウント・ヘルテルに

つまり、セイヤー＝フォーブスのベートーヴェン伝でも述べられているように、この年の五月五日以降のベートーヴェンの動きは明瞭には知られていない。さらに、このベートーヴェン伝では、「ベートーヴェンが一八〇六年に夏の宿をどこにもとらなかったことはまったく確実である。しかし、ベートーヴェンは、夏の終わりに都市（ウィーン）をはなれた」と記されている。ウィーンをはなれての行先は、前記の九月三日の手紙から知られるとおり、シレジアのトロッパウの近くのリヒノフスキー侯の館であった。その手紙には、「長くとも秋の終わりごろまで」そこにいると書かれている。そして、十一月一日の手紙は、「シレジアにでかけた小旅行」という文章ではじめられているので、グレーツの滞在が九月三日以前から十一月一日以前までの間におよんでいたことが知られる。さらに、十一月十八日の手紙でも、シレジアでの気晴らしについてふれている。このようなことからみると、シレジアへ

の旅行は、ベートーヴェンにとって相当に印象の深いものであったわけで、それだけに手紙でも言及したいほどのものになったのだろう。逆にいえば、ハンガリーのマルトンヴァシュアールにもしも五月に滞在して婚約しているとするならば、七月五日の手紙あたりにそのことがでてきてもよさそうだし、またそれに関係した他の書簡があっていいはずである。

セイヤー＝フォーブスの説を信用すれば、ベートーヴェンは、七月五日からグレーツにでかけるまでの間（おそくとも九月はじめまで）、ウィーンにいたわけである。それ以前の五月四日から七月五日までの約二ヵ月間のベートーヴェンの行動に関しては不明のままになっている。もっとも、一九六七年のフランスのマッサンのベートーヴェン伝には、五月十一日にウィーンからフランツ・ブルンスヴィクに宛てた手紙がのっている。

カールとの確執

その一方で、《ラズモフスキー弦楽四重奏曲》の第一番へ長調の曲は、ベートーヴェンの草稿によって一八〇六年五月二十六日に着手され、手紙から七月はじめには書きあげられていたことになっている。五月二十六日というと、ベートーヴェンの弟カールが家具商の娘ヨハンナ・ライスと結婚した翌日である。すでにヨハンナがカールの胎児（九月四日出生）を宿していたことと、ヨハンナの態度が常識外れだったことで、ベートーヴェンは、この結婚を心から祝福していたわけではない。その結婚によって、ベートーヴェンと弟の間の仲が不和になったとも、多くのベートーヴェン研究家によって説かれている。そして、これまで事務的な方面でベートーヴェンの手伝いをしてきたカールは、この結婚後には、兄のための仕事から次第に手を引くようになった。ただし、前記のブライトコプフ・ウント・ヘルテルに宛てた七月五日の手紙には、ベートーヴェンのいくつかの作品の出版契約のために、カールがライプツィヒの同社に向って旅をしていると述べられているので（実際には旅行をしなかったらしい）、おそくとも七月はじめまでは、大きな不和の状態にはなっていなかったようである。

それはともかくとして、カールをこのように自分の仕事に使うくらいであれば、ベートーヴェンも、このカールの結婚式に出席していたのかもしれない。もしそうだとすると、この五月二十五日前後には、ベートーヴェンは、ウィーンにいたことになる。そうなると、ベートーヴェンがマルトンヴァシュアールに滞在していた可能性は、ますます少くなってくる。しかし、ベートーヴェンは、この結婚を祝福する気にはなっていなかったので、結婚式に出席しなかったとも考えられる。いずれにしても、その翌日に四重奏曲の作曲を本格的にはじめたということで、この結婚は、ベートーヴェンの心境にひとつの区切りを与えることになったとみてよいだろう。

ところで、この《ラズモフスキー》の第一番は、第三楽章をのぞいて、みな明るく生気に富む音楽となっている。しかし、第三楽章は、アダージョ・モルト・エ・メストのへ短調の曲で、深い悲哀感をたたえている。ベートーヴェンがもし婚約したのであれば、ここにこのようなメストの楽章をおくことは、いかにも不自然ではないだろうか。このゆるやかな第三楽章こそ、もっと明るくのびのびとしたロマンティックな感情をみなぎらせていいのではないかと思われてくる。

なぜベートーヴェンがここにメストの楽章をおいたのかわからない。たとえば、この四重奏曲の依頼者のラズモフスキー伯の夫人がこの一八〇六年に死去しているので、夫人の病気あるいは死亡という事態に対する伯の心痛を察して、このような楽章をおりこんだのかもしれない。それにつづく第四楽章で、いわゆる「ロシア主題」が活用されるのも、伯を慰める気持のあらわれであるとみることができよう。《ラズモフスキー》の第二番が暗いホ短調の曲であり、たとえその第二楽章がホ長調であっても深刻な味をたたえていて、「深い感情をもって演奏するよう」とのベートーヴェン自身の指定をもっていること、第三番の曲の第二楽章が沈みがちなイ短調になっていることも、婚約直後のベートーヴェンの心情ではなくて、伯夫人のことに関係しているのかもしれない。あるいは、自分の耳疾のためなのか。

婚約説の否定的見解

一九五七年に世を去ったアメリカの女性ベートーヴェン研究家スタイヘンの著書『ベートーヴェンの恋人』では、独特な推測で、この夏にベートーヴェンは、エルデーディ伯夫人のウィーン近くのイェドレゼーにある邸宅に滞在していたと記されている。しかし、これも明白な根拠があってのことではない。ただし、ベートーヴェンの婚約説を全面的に否定していることはもちろんである。

ベートーヴェンのテレーゼとの婚約などはありえないとする有力な証拠は、一九五七年に発見されたヨゼフィーネに宛てたベートーヴェンの十三通の手紙である。テレーゼの妹のヨゼフィーネは、一七九九年にベートーヴェンにピアノを習うために十八日間ウィーンに母と姉とともに滞在したが、そのときにダイム伯爵に見染められ、母の強引なすすめもあってそれから六週間後の六月二十九日に結婚の式をあげた。伯との間に四人の子供ができたが、ヨゼフィーネは、この二十七歳も年上の夫との結婚生活を必ずしも幸福に送ったわけではなかった。伯は、彼女に文学書を与えず、また音楽にも興味を示さなかったのである。それでも、音楽好きのヨゼフィーネは、ときおり家庭での音楽会を催し、ベートーヴェンを招いたりした。しかし、こうしたヨゼフィーネの楽しみも、伯爵の財政上の失敗でつづけられなくなってしまった。しかも、伯は、一八〇四年一月二十七日にプラハで急死してしまったのである。

このヨゼフィーネは、一八一〇年二月十三日にシュタッケルベルク男爵と再婚しているが、その間の一八〇四年秋から一八〇六年にかけてベートーヴェンとの相思相愛の感情が高潮し、一八〇七年秋にこの恋愛に終止符が打たれたということは、前記の発見された十三通の手紙から知られるのである。これについては属啓成氏の訳と解説により『ベートーヴェンの恋文』（音楽之友社刊）と題された書を参考にされたい。

この『ベートーヴェンの恋文』で、著者のシュミット＝ゲールグ博士（ボンの元ベートーヴェン博物館長）は、一八〇六年のヨゼフィーネの足どりをつぎのように述べている（属氏の訳による）。

一八〇六年二月に、ヨゼフィーネはふたたびウィーンにあらわれたが、三月十九日には、姉と子供たちとオーフェンにもどって、そこの宮内官ヨーゼフの命名祝日のお祝いで、パントマイムを演じている。そして、その後の数ヵ月間をヨゼフィーネは、ふたたびウィーンですごした。……五月の終わりにヨゼフィーネとテレーゼは、シャルロッテの初産を手伝いにいった。七月の五日に女の子が生まれてブランカと名づけられた。それから二人の姉妹は、シャルロッテの姑をケンディローナとクラウゼンブルクに訪ねて約二週間泊まり、八月の中ごろまでにマルトンヴァシュアールに帰ってきた。

ヨゼフィーネへの想い

しかし、一八〇五年春や一八〇七年には、ベートーヴェンは、ヨゼフィーネがウィーンにいたにもかかわらず、熱烈な愛情をこめた手紙をヨゼフィーネに送っていたものの、不思議にもこの一八〇六年にはヨゼフィーネに宛てた手紙が十三通のなかに含まれていない。ヨゼフィーネにつねに会えたから手紙をだす必要がなかったのか、あるいはヨゼフィーネの側で受けとった手紙を紛失してしまったのかとも考えられるが、ヨゼフィーネがウィーンを去ってからの九月にグレーツにベートーヴェンがでかけているという事実は、ベートーヴェンがヨゼフィーネのいるウィーンから動きたくなかったのではないかと想像させるのである。そして、ヨゼフィーネがシャルロッテの初産のためにウィーンを不在にしたときに、おちついた新鮮な気持をもってベートーヴェンは久しぶりに弦楽四重奏曲にとりかかり、ヨゼフィーネがいない間に第一番を書きあげてしまったわけであろう。このような事情なので、この年の五月にベートーヴェンがテレーゼとの婚約のために行動したということは、ほとんどまったく考えられないのである。

一八〇六年の産物であるピアノ協奏曲第四番、ヴァイオリン協奏曲、交響曲第四番、それに《ラズモフスキー四重奏曲》の第一番や第三番などに、明るいのどかさや朗らかな感情、あるいは憧れとでもいったものが共通していることは、誰しも認めるところだろうが、これはテレーゼとの婚約というありえない事実によるのではなくて、ヨゼフィーネへの恋愛によるためなのだということになる。

ただし、《ラズモフスキー》の第一番以外には、これらの曲がいつ本格的に作曲に着手され、いつ完成されたのか正確なことは知られていない。おそらく年末近くに《ラズモフスキー》の第三番が書きあげられ、また年末に短期間でヴァイオリン協奏曲が作曲されたもののようである。ピアノ協奏曲第四番は、それより少し前にできあがっていたのであろう。このことは、七月五日および九月三日のベートーヴェンの手紙から知られる。それに対し、第四交響曲は、夏の間からグレーツ滞在中に仕上げられたと考えられる。

このグレーツ滞在中は、十月にブロイニングがヴェーゲラーに宛てた手紙によると、「ベートーヴェンからの手紙から判断したところ、元気がある様子ではない」ようで、さらに

「ベートーヴェンの気分は概して高まっていない」とのことであった。それにもかかわらず、こうした気分のなかで明るい第四交響曲の筆がすすめられたということは、ヨゼフィーネとの交際がいかにベートーヴェンの心にときめきをもたらしたものであったかを如実に物語るのである。

耳疾をこえて

そしてさらに、この滞在中にベートーヴェンの心を慰めることになったのは、上部シレジアのオッパースドルフ伯の居城を訪問したことだったに違いない。セイヤーは、これに関して、つぎのように記している。

伯は熱烈な音楽愛好者であって、管弦楽団をもっていた。伯は、自分の使用人がみな楽器を奏することができることを要求し、そうしたことで楽団を完全なものにしようと腐心していた。友情と親類関係で、オッパースドルフ家は、オーストリアの多くの貴族たちといろいろの結びつきをもっていた。ロプコーヴィッツやリヒノフスキーとも関係があった。トロッパウの近くのグレーツのリヒノフスキー家は、伯の居城から大体一日の旅行の距離にあった。こうしたことで、リヒノフスキー侯とベートーヴェンは、一緒にオッパースドルフの居城を訪れ、その機会に管弦楽団は、第二交響曲を演奏した。

このようなこともあって、第四交響曲は、伯に献呈されることになった。また、ベートーヴェンがリヒノフスキー侯邸でフランスの士官の前でのピアノ演奏を強要され、怒ってそれを断って、ついには雨のなかをウィーンに向って出発してしまったというエピソードがある。それでも、ベートーヴェンは、ウィーンにもどってから、まだ闘争的な音楽を書こうとせず、《ラズモフスキー》の第三番、ピアノ協奏曲第四番、ヴァイオリン協奏曲などの作曲に精をだしていた。

しかし、そのなかで例外としてハ短調の三十二の変奏曲が秋に書かれている。このはげしさのある曲のスケッチが《ラズモフスキー》第三番の終楽章のスケッチの間にみられるということは、意味深長である。この終楽章の主題のスケッチのところに、つぎのようなベートーヴェンの手記があるのだ（山根銀二氏訳による）。

お前がここで世間の渦巻の中にもみくちゃになってのめり込んでいるようにまったくそのように社交上のどんな障害があってもへこたれずに、オペラを書くことが実行されてよいのだ。お前の聞こえないことなど、もう秘密にしておくな――芸術の場合にも。

一方では、こうした意志力や闘志が一八〇六年秋から作品にあらわれはじめてきたわけで、この終楽章やハ短調変奏曲などは、その例ともいえる。ヨゼフィーネと関係したと考えられる音楽は、この第三番とヴァイオリン協奏曲で終止符が打たれ、翌一八〇七年に入ると、《コリオラン》序曲が作曲され、第五交響曲の筆がすすめられるのである。フランス士官への演奏を拒否したはげしい態度は、作品にもあらわれてきたということになる。そして、一八〇七年のヨゼフィーネとの恋愛の精算も、実はこうした心境と大きな関係があったのではないだろうか。そして、それに加算されたのが、自分の耳疾に対する悩みと自制心だったのである。

「不滅の恋人」とは誰か

さてここで、ベートーヴェンと女性のことが話題になったので、ベートーヴェン研究にとって大きな疑問となっていた「不滅の恋人」のことにふれておかなければなるまい。「不滅の恋人」というのは、ベートーヴェンの死後にその遺品から発見された、同一の女性に宛てたと推定される三通の手紙である。ただし、それには「七月六日朝」、「七月六日月曜日の夕方」、「おはよう七月七日」とあって、何年の七月のものかは記されていないで、宛先の名前も書かれていない。そして、そのなかの七月七日朝の日付のものでは、ベートーヴェンは、その女性のことを「私の不滅の恋人」と呼んでいるのである。

こうした疑問の手紙がでてきたことから、その年代と宛先の女性の解明がはじまった。もちろん、この三通の手紙の内容には、解明の手がかりとなるものがいくつか含まれている。たとえば、「郵便馬車は月曜日と木曜日の朝だけだ」とか、「これからK方面にでかけてゆく」とか、「夜の森のたいへんな悪路を通った」とか、「エステルハージはいつもの道でこちらにきた」といった文面がある。そしてさらに、七月六日は月曜日だということは明記されている。

こうしたことから、多くのベートーヴェン研究家がいろいろの推論を発表してきた。その著書や論文やエッセイの数は、それこそ枚挙にいとまがないほどである。一九五〇年以降の目についたものだけでもたくさんある。そのなかには、カツネルソンによる大著もあるし、ゴールトシュミットによる多くの資料を集めた著作もあるし、ブロッシェ＝グレーザーによる女性独特の推理を働かせた著書もあるし、カルブシスキーによる年代固めに重点をおいた本もある。

七月六日が月曜日だという年では、一八〇一年と一八〇七年と一八一二年などの可能性があるが、一八〇一年と一八一二年とが有力であると以前から指摘されてきた。そして、多くの学者たちの研究の結果、これは一八一二年であるとほぼ確定的にみなされるようになった。

たしかにこの一八一二年七月上旬には、ベートーヴェンは、前年の夏と同じく、ボヘミアの保養地テープリッツにいて、下旬にはカールスバートに向けて出発している。手紙に「K方面にでかける」とあるのとこれは符合する。このテープリッツ滞在中の七月十九日から三日間、ベートーヴェンは、これまで文通のみだったゲーテとはじめて対面している。ゲーテとの接近に大きな役割を果したのが才女のベッティーナ・ブレンターノだった。

それでも、宛先の女性は誰なのかという最大の問題はのこる。そのなかで最有力候補なのが、アントーニエ・ブレンターノとヨゼフィーネ・ブルンスヴィクである。アントーニエは、ベートーヴェンよりも十歳年下であり、ウィーンの宮廷内の実力者のヨーハン・フォン・ビルケンシュトック伯爵の令嬢だった。そして彼女は、ベッティーナ・ブレンターノの兄で、フランクフルトの名家の出身であるフランツと結婚した。このフランツとアントーニエの夫妻は、アントーニエの父の死去に伴う財産の整理のためウィーンにきて、ベートーヴェンと知り合ったのである。これは、一八一〇年秋以来ベートーヴェンと親しくなったベッティーナの仲介によるのだろう。そして、ベートーヴェンは、身体の弱いアントーニエを、しばしばピアノの演奏で慰めたのだった。そういうこともあってか、ベートーヴェンは、フランツから経済的な援助を受けたこともある。

この夫妻は、一八〇九年にウィーンにきて、一八一二年までウィーンに住んでいた。この夫妻には、一八〇二年に生まれたマキシミリアーネという娘があり、彼女は、音楽的才能に恵まれていて、ピアノを達者に演奏したので、ベートーヴェンからとくに可愛がられていた。ベートーヴェンは、十歳のマキシミリアーネのために変ロ長調のピアノ三重奏曲（WoO三九）を書いてやったほどである。ベートーヴェンとブレンターノ家との交際が絶頂に達していたころのこととみていいだろう。

なお、マキシミリアーネは、のちにはベートーヴェンの甥のカールのことでも骨を折った。そして、ベートーヴェンは、彼女に作品一〇九のピアノ・ソナタを献呈した。また、ベッティーナは、一八一一年に詩人で民謡蒐集家のアヒム・フォン・アルニムと結婚した。

アントーニエ・ブレンターノがベートーヴェンの「不滅の恋人」であるかもしれないとは以前からいわれていたことだが、アメリカのベートーヴェン研究家のメイナード・ソロモンが一九七二年に発表した論文と一九七七年に刊行した著書『ベートーヴェン』によって、この説は迫真的な可能性をおびてきたのである。ソロモンは、アントーニエの足跡と行動を着実にさぐり、アントーニエ夫妻とベートーヴェンが同じ七月五日以前にプラハにいて、夫妻は五日にカールスバートに、ベートーヴェンはやはり五日にテープリッツにそれぞれ到着していることを明らかにした。

ソロモンの説は、その他の点でもかなりの説得力をもっている。それにもかかわらず、そこにはいささかの疑念もないわけではない。たとえば、前記のゴールトシュミットは、一九七七年の著作で、アントーニエを「不滅の恋人」の筆頭候補にあげてはいるものの、また同時にいくつかの疑問点も掲げている。そしてさらに、ゴールトシュミットは、これに劣らぬ対立候補として、ヨゼフィーネ・ブルンスヴィクの名を出している。しかも、一九八三年には、このヨゼフィーネ説を支持するドイツの学者マリー＝エリーザベト・テルレンバッハの労作も出現した。

こうして、問題はほぼアントーニエかヨゼフィーネの二人にしぼられるかにみえてきた。ただし、ゴールトシュミットも述べているように、「不滅の恋人」は大人の女性ではなく、ひょっとすると、もっと若い人なのかもしれないのである。

第4話　第十交響曲のゆくえ

毎年、十二月に入ると、日本のほとんどすべての交響楽団がベートーヴェンの第九交響曲を演奏する。たしかに、年末にこの交響曲をきくと、音楽好きの人ならば、気分的にひとつの区切りをしたような感じにさえもなろう。さらに、ベートーヴェンがこれまでのあらゆる苦難に打ちかって、全人類の歓喜を願い、平和をのぞんだ交響曲で、新しい年への意欲をわかす人も少くはないかもしれない。ところが、もしベートーヴェンが第十番目の交響曲を完成していたら、このようなことにやはりなっていただろうかという気もするのである。

ノッテボームの見解

ベートーヴェンの研究家として著名なノッテボームは、『第二ベートーヴェニアーナ』の第一章「一八二五年及び二六年に属する六つの仮綴じスケッチ帳」のなかで、第十交響曲のことにふれている。ただし、このノッテボームは、第十交響曲に対して、否定的な見解を表明しているのである。少々長い引用になるが、興味あることなのでそれを記しておこう（山根銀二氏訳の自由な転用）。

第三の仮綴じ帳の冒頭には、そのままになっている他の草稿がある。そのなかの二、三のものは、つぎのようにはじまっている（引用元に楽譜例）。全草稿がほぼ八頁（小形判）をみたし、「ＢＡＣＨ」の名前にもとづく序曲への草稿がそのなかで大部分のスペース（約六頁）を占めている。最初のスケッチのかたわらには、シントラーの手で、「第十交響曲へのスケルツォ」と記されている。最後のスケッチのかたわらには、「第十交響曲へのアンダンテ（変イ調）」とある。したがって、これは、第十交響曲についてのつくり話の成立に動機を与えたスケッチである。人々は、それらのスケッチのうちに、ある新しい交響曲の発展可能な胚種をみようと望んだのだし、またベートーヴェンが、もし第十番の交響曲を書いたとしたならば、それらのノートから出発しただろうという工合に、事柄を叙述したのだった。しかし、そのような見解がもちこたえるはずのないものであり、少くともあらゆる真実性を欠いていることを見出すには、ベートーヴェンのスケッチ帳をそうたくさんめくってみなくともよいのである。われわれは、それらのスケッチのうちに、ベートーヴェンにあっては、千回もあらわれているような瞬間的な着想をみるのであり、それは、他のスケッチ帳にみられる多くの仕上げられないまま残されたスケッチと同様に、そのまま放っておかれる運命にあったのだ。ベートーヴェンが第十交響曲を抱えて歩いていたというマルクスの言葉（『ベートーヴェンの生涯と作品』、第二巻、二九〇頁）は、ゆきすぎである。ある作品を抱えて歩くことは、当然それに継続的に従事することになる。しかし、ここではそのようなことはいいえない。それらのスケッチは、継続されていないのである。つづく仮綴じ帳のなかには、もはやそれについての何らの痕跡もみられない。ベートーヴェンがとりかかった数だけの交響曲をすべて書きあげたとしたならば、われわれは、少くとも五十曲の交響曲を所有していることになるだろう。「BACH」の名前にもとづく序曲のスケッチは、すでに一八二三年と二四年に記録されている。もしベートーヴェンがそれらのすべてを仕上げたとすれば、われわれは、三つの異なるバッハ序曲をもったことになろう。ベートーヴェンがそのような序曲を書く考えにくりかえし帰ってきたということは、そのことのほうが、かの交響曲を書くことより、いっそう真剣に考えられていたことを示すのである。

さまざまな論争

このようなノッテボームの見解は、それ以後に必ずしも絶対的に支持されてきたわけではない。たとえば、セイヤー＝フォーブスの『ベートーヴェン』では、第十番の交響曲が計画され、スケッチされたことは確実なこととみなされなければならないとまで記されている。

しかしまた、ノッテボームのこうした否定的な考え方以上に、ベートーヴェンは、第十交響曲については実質的には関与していなかったと主張するカリフォルニア大学教授の音楽学者ロバート・ウィンターの論文（「ベートーヴェン年鑑　一九七三〜七七」、ボンのベートーヴェン・ハウス刊）のようなものもあらわれた。ところがここでのウィンターの見解は、イギリスの音楽学季刊誌「ミュージック・アンド・レターズ」（一九八五年一月号）で、音楽学者バリー・クーパーによって猛烈に反論された。

クーパーは、四つの点をあげ、それらに説明と推理を加えて、反論をくりひろげた。この四点というのは、つぎの通りである。

一、ベートーヴェン自身、死去する少し前に、新しい交響曲のスケッチをおこなったと語り、それをやはり完成させたいという希望をもっていた。

二、新たに（第十交響曲のものと）確認されたスケッチは、交響曲のひとつの楽章のものというカール・ホルツ（後出）の記述にふさわしいものであり、ベートーヴェンは、それをピアノで弾いてきかせた。

三、これらのスケッチは、明らかに未完成の管弦楽曲のためのものである。

四、これらのスケッチは、「新しい交響曲」に関連しているコメントのかたわらに記されている。

このクーパーの論文は、セイヤー＝フォーブスの見解を一歩すすめたものといっていいだろう。

大曲への情熱

周知のように、ベートーヴェンの場合、第九交響曲のあとには、大曲として一連の晩年の弦楽四重奏曲がつづいてくる。その最後の作品一三五の四重奏曲は、一八二六年に書きあげられている。ベートーヴェンは、この一連の四重奏曲の作曲の合間に、いろいろとつぎに手がける大曲の構想を練っていたようである。セイヤー＝フォーブスによれば、そのなかには、オラトリオやレクィエムや第十交響曲なども含まれていたという。第九交響曲が結果的には、計画されていた二種類の交響曲を綜合したものとなってしまったことはいうまでもないが、とにかく、ベートーヴェンは、第九交響曲で交響曲の創作を打ち切ろうと考えていたわけではなく、二種類のものがひとつにまとめあげられたということもあって、どうしても、また別の交響曲を書きたかったのではないかとも考えられる。それに、大編成の管弦楽に声楽をおくということも、第九交響曲での経験と成果から、さらに押しすすめてみたいと考えて、オラトリオとレクィエムの構想が立てられたとも想像はできる。ただし、第九交響曲の終楽章の合唱に関して、ベートーヴェン自身が全面的に満足していたかどうかは別問題である。

ベートーヴェンの愛弟子をもって自任し、ピアノの教則本で後世に名を知られるカール・チェルニーは、ベートーヴェンの死後の一八五二年になって、つぎのように語ったことがあった。これをきいて発表したのは、音楽史研究家でモーツァルトの伝記も書いたオットー・ヤーンである。それによると、ベートーヴェンは、第九交響曲の初演のあと、その身近の人たちだけのいるところで、あの終楽章は感心しなかった、器楽だけの交響曲にしたほうがよかった、それには腹案がある、と語ったとのことである。

それはともかくとしても、ベートーヴェンは、友人に「私の第十番の交響曲（ハ短調）とレクィエムを完成したならば、尊敬する大家ヘンデルの方法で毎年一曲のオラトリオか弦楽器か管楽器のための協奏曲を将来書くことになるでしょう」と語ったことがある。しかし、そのほかに、オペラへの闘志もわかしていた。オペラの題材については、ベートーヴェンは、いろいろと迷っていたようだが、オラトリオでは、ヘンデルの《サウル》を熱心に研究し、古代ヘブライの音楽の文献なども読み、サウルの物語を扱うことに関心をもっていたといわれている。

さらに、死去の年の一八二七年一月までには、ベートーヴェンは、ロンドンのハープ製作者シュトゥンプフから全四十巻のヘンデル全集を贈られ、病床でそれを読むのを楽しみにしていたし、二月には、友人のブロイニング家の息子（当時十三歳）が今後の予定について質問したところ、オラトリオや第十交響曲を作曲するつもりだと答えたほかに、いままでにない新しい方法のピアノ演奏法の本を書きたいと答えている。

一八二七年三月十八日にモシェレスに宛ててベートーヴェンが筆記させた手紙では、つぎのようなことがみられる。

　すでに私の机のなかにスケッチがおかれている新しい交響曲、あるいは新しい序曲、あるいは協会がのぞむ他の何かの曲を協会のために書くことにして、ロンドン・フィルハーモニー協会に深堪の謝意を表明すべき義務が私にあります。

以上のようなことからみて、第十交響曲は、すでにベートーヴェンの頭のなかでは、仕上げる段階に入っていたのだと断言してもいいのではないだろうか。ただし、具体的な進捗情況は、もちろん不明のままである。

ホルツの回想

さらにまた、ヤーンは、ウィーンの楽壇で勢力をもち、晩年のベートーヴェンの写譜も手伝ったりして、ベートーヴェンの友人となっていたカール・ホルツからきいたとして、つぎのように伝えている。

第十交響曲の序奏は変ホ長調であり、柔和な音楽になっていて、ハ短調の力強い楽章は、頭のなかではできあがっており、すでにホルツはピアノでベートーヴェンがそれを弾いてくれるのをきいた。

ただし、ホルツは、他の人には、ベートーヴェンがピアノで第十交響曲の全体を演奏してくれて、その全楽章のスケッチは終了していたが、それはベートーヴェン以外の誰にも判読できないものであったと語っている。

交響曲全体というのと、第一楽章のアレグロだけというのでは、大きな相違があるし、ハ短調のアレグロに対して変ホ長調の序奏があるというのも、ベートーヴェンの作品としては異常なことである。しかし、ホルツがベートーヴェンのところで第十交響曲のスケッチをみたということと、そのピアノでの演奏（あるいはむしろ即興的な演奏）をきいたということは、事実だと考えてもいいだろう。そして、そのスケッチは、ノッテボームが『第二ベートーヴェニアーナ』で論及しているものよりも、もっとずっと量の多いものであったに違いない。

シントラーの証言

ベートーヴェンの腹水をとる第四回目の手術は、一八二七年二月二十七日におこなわれた。その担当医師のヴァーヴルッフが手術後にベートーヴェンに飲みものの許可を与えたときに、ベートーヴェンは、すでに回復には半ばのぞみがないことを自覚していた。側近のシントラーは、そのときにこのヴァーヴルッフに対して、「ベートーヴェンは第十交響曲の仕事をすることを希望しているが、われわれは、それをごく少ししか許さなかった」と語っている。

このシントラーは、また一八二七年三月二十四日のモシェレスに宛てた手紙で、やはりベートーヴェンの第十交響曲にふれているのである。そこには、つぎのように記されている。

彼（ベートーヴェン）は、弦楽器のための一曲の五重奏曲と、貴方への手紙で述べた第十交響曲を執筆していました。五重奏曲では、二つの楽章が完成されています。それは、ディアベリに渡すことにきまっていました。——貴方のお手紙を入手したあとの数日間は、ベートーヴェンは、たいへんに興奮し、私に交響曲のプランについて多くのことを語ってくれました。

スケッチの行方

それでは、この第十交響曲のスケッチがあれば、問題の解決はもっと進展をみせるわけであるが、実は、十中八、九まで存在していただろうと想像されるこのスケッチは、ベートーヴェンの遺産の競売のときに、他のスケッチ帳などとともに競売人の誰かの手に渡ってしまったのである。

一九三五年度の「新ベートーヴェン年報」（Neues Beethoven-Jahrbuch）には、ベートーヴェン研究家のキンスキーによる「ベートーヴェンの音楽的な遺産の競売について」という論文が収められている。これには、詳細に競売に付された楽譜やスケッチなどのことが記されているが、第十交響曲に関してはふれられていない。その後も、多くの学者たちの手により、第十交響曲のスケッチの行方が探し求められた。しかし、その存在が少しも判明されないのである。ただし、交響曲のスケッチなので、楽譜一枚だけといった種類のものではないだろうし、それならば、そうたやすく紛失されるのもおかしいのではないかという推理もできそうである。しかし、現在となっては、そのスケッチの発見には、偶然を期待するだけとなってしまった。だから、結論をいってしまえば、ベートーヴェンの第十交響曲がどのようなものであるはずだということは、まったく断言できないわけである。

《第十》の構想

しかし、この第十交響曲について、推理力を働かすことは可能である。周知のように、第九交響曲は、ベートーヴェンとしては、異例なほどの長期の準備期間をもって創作されたものである。結果的にみて、この長い準備期間が充分に大きな成果をあげることになったともいえよう。ところが、はたして第十交響曲になると、第九交響曲をしのぐほどの規模のものになったかどうか疑問でさえもある。弦楽四重奏曲の場合も、作品一三五は、晩年の一連の四重奏曲のなかで、とくに簡潔なものになっているし、そのあとに書かれた作品一三〇の終楽章も簡明なものになってしまった。大作のピアノ・ソナタ作品一〇六《ハンマークラヴィーア》のあとのソナタも、規模の点ではずっと作品一〇六より小さくなっている。それに、ホルツにベートーヴェンがピアノで第十交響曲の全曲あるいは一楽章を演奏してきかせたとのことであるが、もし全曲だったとすれば、当時のベートーヴェンの体力からみても、長大な作品を演奏できたものかどうか疑わしいことになる。作品の規模は、小さいはずのものではないだろうか。

因みにここで、クーパーが推定した第十交響曲（おそらく第一楽章の）の構成を掲げておこう。これは、序奏をもつソナタ形式をとっている。

	調性	拍子
序奏	変ホ長調	2／4
提示部　第一主題	ハ短調	6／8→4／4
経過句	ハ短調→変ホ長調	6／8
第二主題他	ト短調	6／8
展開部・移行部	ハ短調	4／4
再現部・第一主題	ハ短調	4／4
結尾	ハ短調	6／8
序奏の再帰	変ホ長調	2／4

《第九》の思想

ところで、第九交響曲は、二種の交響曲の合体したものであったわけで、そのうちの一種は、少くとも一八一八年ごろの計画では、できれば古い旋法の宗教的な歌唱を導入する予定になっていて、終楽章あるいはアダージョで歌声を加え、アダージョではギリシャの宗教的で神秘的な歌詞を、終楽章にはバッカスの祭典をおくといったものだった。もう一種のものは、ドイツ的な精神を盛りこんだ純器楽のドイツ交響曲と呼ばれるものだった。しかし、それも、やがては声楽を加えることに進展し、終楽章をシラーの「歓喜によす」にもとづくものとして、全体のクライマックスを築くという種類のものに、次第に構想がまとめられていったのである。

このシラーの頌歌とベートーヴェンとの関係がきわめて深かったことは、いまさらここで強調するまでもあるまい。このシラーの作品は、フランス革命直前の一七八五年にドレスデンで書かれたもので、独唱と合唱との交互の指定をもっている。

当時二十六歳の青年詩人は、ドイツの封建的な政治形態と専制主義的な君主制に苦労してきただけに、ここで人類愛と何百万の人たちの団結による人間解放を高らかに歌ったものだった。そして、シラーは、はじめに、これに「自由によす」という題をつけようとしたのだったが、当時の官憲のきびしさから、「自由」を「歓喜」にあらためたのだともいわれている。

それから、フランス革命、ナポレオンの出現という大事件がおこり、ベートーヴェンも、古い専制君主制を破壊し、新しい民主的な世界をつくりだしてゆくかにみえたナポレオンに好意を示したりもした。こうした性格のベートーヴェンに、シラーの頌歌が気に入られたのは、まことに当然のことだといわなければならないだろう。

ところが、このシラーとの関係は、この第九交響曲でみごとに終止符が打たれたわけである。それと同時に、サウルの物語に関心をもったり、「ファウスト」のオペラ化に色気も示したり、レクイエムの作曲の依頼に応じたりしたということから考えると、ベートーヴェンは、第九交響曲で胸中の吐きだせるものを全部吐きだしてしまったともいえる。こうしたことからみて、第九交響曲がベートーヴェンの思想的に重要な地位を占めるのはいうまでもないが、第九交響曲以後のベートーヴェンの姿勢といったものが、どういう方向に向っていきつつあったのか、興味ある問題が提起されてくるわけである。

腹水を除去するための第一回目の手術（一八二六年十二月二十日）が終わったとき、ベートーヴェンが医者のヴァーヴルッフの手腕をたたえて、彼をモーゼにたとえたという事実がある。さらにまた、前記の第四回目の手術のあとには、ベートーヴェンは、ヘンデルの《メサイア》で使われているイザヤ書からの言葉を引用している。

こうしたことは、ベートーヴェンがヘンデルふうのオラトリオの創作に積極的な意欲をもっていたことを物語るわけでもあるが、また、ベートーヴェンがどのような思想に接近しつつあったかの一端をうかがわせるわけでもある。

《第十》の結末

ベートーヴェンののこされた九曲の交響曲は、弦楽四重奏曲やピアノ・ソナタなどとは違った地位に立っている。つまり、弦楽四重奏曲やピアノ・ソナタなどは、ベートーヴェンの身近な事柄と結びついていることが多いが、交響曲となると、もっと大論文的であり、一段と次元の高い思想がおかれてくるということである。そのようなことからすれば、第十交響曲も、宗教性を盛りこんだものになってくるはずだと充分に考えられるのである。
この第十交響曲は、クーパーによるまでもなく、どうやらハ短調の調性のものであったらしい。ベートーヴェンとハ短調との関係を、ここであらためて述べようというわけではないが、ハ短調のソナタ《悲愴》と弦楽四重奏曲作品一八の四が、そろそろはじまってきたベートーヴェンの耳疾とそれに対する悩みや意志力をみせ、第五交響曲が自己の内面での闘争を示すとすれば、第十交響曲では、晩年の不遇な状況から立ちあがろうとするはげしい情熱と、それに対比するかのような宗教性をみることになったのではないだろうか。ホルツが伝えているアレグロが力強いものであったという話も、こうしたことと無関係ではないのである。

しかし、以上のようなことはあくまでも推論である。実物ができていないのだからはじまらない。これがオペラだと、台本や題材との関係があって、もっと具体的なベートーヴェンの意向というものが知られてくる。しかも、オペラの場合に、もはやベートーヴェンは、《フィデリオ》のようなヒューマニズムに徹したものを求めなくなっている。このようなベートーヴェンの傾向も、第十交響曲の方向に結びつくようである。つまり、第十交響曲は、第九交響曲とは完全に違った内容と規模のものとして、交響曲への再出発をみせるわけでもあった。実際に、ベートーヴェンには、もっと長生きをしてほしかったと思われる。

第5話 《シンフォニア・エロイカ》の謎

名曲といわれる作品には、実はいまだに解明できないような、謎めいたことを含んでいるものが多い。ベートーヴェンの《エロイカ》(「英雄」)と呼ばれる第三交響曲にも、そのような問題がつきまとっている。

"謎"の発端

キンスキー＝ハルムのベートーヴェン作品目録では、この第三交響曲は、一八〇三年五月ごろから本格的に作曲にとりかかられ、十一月にはだいたい書きあげられていて、一八〇四年はじめに完成されたと記されている。ただしスケッチは、それ以前からおこなわれていた。シントラーのベートーヴェン伝によると、当時ウィーン駐在のフランス公使ベルナドット将軍から、ナポレオンにぜひとも新作を献呈するようにすすめられて、かねてから崇拝していたこの英雄のために大曲を書く気になったのだという。

ベートーヴェンは、ドイツでもオーストリアでも、自分の住んでいるところで、専制的な君主政治というものの弊害を目のあたりにみせつけられていた。それと同時に、フランス革命後の混乱からフランスを立て直したナポレオンの共和的・民主的な精神には、強く惹かれるようにもなった。ベートーヴェンがこれまで自分の側の君主のために作品を書いたことがないわけではなかったのに、なぜここでフランスの英雄のために作品を献呈する気になったのか。はたして、ナポレオンの精神に賛同して、純粋な気持で作曲の筆をすすめたのかどうか。これを解明する具体的な資料はもちろんない。

ボン時代にさかのぼる

ベートーヴェンの二十歳の年に世を去ったオーストリアの皇帝ヨーゼフ二世の政治は、理想を追うあまりに強引すぎて、国民の反感を買ってしまった。それにもかかわらず、ベートーヴェンは、この年に、ヨーゼフ二世葬送のカンタータと、次のレーオポルト二世のための戴冠式カンタータを書いている。ただし当時ボンにいたベートーヴェンは、ウィーンにいた人ほどには、葬送や戴冠の事件を身近に感じなかったに違いない。

即位したレーオポルト二世は、はじめはフランス革命に対してきわめて消極的な態度をとっていたのだが、パリのルイ十六世に嫁いだ妹のマリー・アントワネットの運命を心配するあまり、プロイセン王と手を結んで、フランスに対する強圧的な態度に変じてしまった。ベートーヴェンがウィーンに進出したのは、この時期である。フランスは、オーストリアやプロイセンとますます関係を悪化させ、フランスとオーストリアの間の危険な状態は、一八一四～一五年のウィーン会議までつづいたのだった。ちょうど、いわゆる第二期のベートーヴェンの創作時期がすっぽりとこの時期に入りこむわけである。ただし、レーオポルト二世の統治は短期間で、一七九二年に、息子のフランツ二世の治世に交替している。しかし、このフランツ二世も、父親の遺志に従って、フランスと戦う。オーストリアは、次第に敗北の色をみせ、一七九七年と一八〇一年、それから一八〇五年につぎつぎと領土を失ってゆき、そのあげく、フランツ二世は、皇帝であった神聖ローマ帝国の崩壊に導いたのだった。

青年ベートーヴェンとしては、オーストリアのこうした政治のあり方に大きな疑問をもっただろうし、一士官から身をおこしてイタリアを平定し、一七九九年からフランス国内の秩序の回復と対外的な問題の解決に乗りだしたナポレオンを高く評価せざるをえなかったのだろう。その上、当時のドイツやオーストリアの文化人の間でもナポレオンへの讃美の声は、相当に高かったのである。

ところが、英雄にはつねに敵対者がいる。ベートーヴェンがベルナドット将軍から新作をナポレオンに献呈するようすすめられたのは、はたして事実なのだろうか。このベルナドット将軍は、実はその後半生を通じて、ナポレオンへのはげしい反抗者となったのである。こうした反抗者あるいは敵対者となる者がその相手に新作を捧げるように働きかけるものだろうか。ただ、ベルナドット将軍がナポレオンのことを、（好悪は別にしても）ベートーヴェンに何回となく語ったのは事実である。シントラーの述べていることが必ずしも全面的には信用できないとしても、そのシントラーによれば、ベートーヴェンは、一八二三年に、《エロイカ》のアイディアを実際に最初に思いつかせたのはベルナドットだったといきいきと回想したとのことである。

たしかにそれも事実かもしれないが、この曲をナポレオンに献呈して当時のベルナドット将軍がなんらかの恩恵をナポレオンから受けようとしたことは充分に想像はできる。のちにスウェーデン国王となってからも、このベルナドット（カール十四世）は、時勢の推移を巧みに自分のプラスの方向のもとで観察するという処世術をもっていたのである。

「エロイカ」というタイトル

さて、第三交響曲は《シンフォニア・エロイカ》と結果的にはなったが、この「エロイカ」という名称をベートーヴェンがどういうことから考えついたのかは知られていない。ベートーヴェンは、この曲はもともとは「ボナパルト」と題したのである。現在のこっているのは、この交響曲の写譜稿だけであるが、その表紙にも、「ボナパルトと題す」（intitolata Bonaparte）とかつて記されていた跡がある。また、一八〇四年八月二十六日のライプツィヒのブライトコプフ・ウント・ヘルテルに宛てた手紙でも、ベートーヴェンは、「新しい大交響曲」のことに触れ、「この曲は元来はボナパルトと題されたものだ」と記している。シントラーは、ベルナドット将軍がベートーヴェンに「エロイカ」という名をつけたらどうかとほのめかしたと伝えているのである。それならば、このときの「エロイカ」がなぜ最初から曲の題に選ばれなかったのか。皮肉に考えれば、シントラーがこのように伝えているのが本当だとすると、ベートーヴェンは、当時のナポレオンをはじめは〝英雄〟とはみていなかったのかもしれない。

こういうことに関係して、ベートーヴェンの弟子のフェルディナント・リースの伝える「手記」もある。それには、つぎのように記されている。

この曲を作曲しているとき、ベートーヴェンは、ナポレオンのことを考えていた。第一執政官になったナポレオンのことを考えていたわけである。当時のベートーヴェンは、ナポレオンをきわめて高く評価し、古代ローマのもっとも偉大な執政官にたとえるほどだった。私やベートーヴェンの友人数人は、この曲の清書された総譜がベートーヴェンの机の上におかれているのをみた。その表紙の上部に「ボナパルト」と書かれ、下のほうには「ルイジ・ファン・ベートーヴェン」と書かれていただけで、この二つの名前の間にはまだ何も記されていなかった。この余白にベートーヴェンが何かをあとで書きこむのか、何を書くつもりだったのかは知らない。

ナポレオンが自分から皇帝に即位するという宣言を最初にベートーヴェンに知らせたのは、私だった。ベートーヴェンは、これをきいてたいへんに怒り、「あの男もまた平凡な人間に変わりはなかった。いまや全人類の権利を踏みにじり、自分の野望を満足させようというのだろう。彼も自分以外のすべての人間の上に立って専制者になりたいのだ」と叫んで、机のところにいそいでゆき、総譜の表紙をとると、上から下に半分に破き、床の上に投げつけた。こうして表紙はもう一度書き直され、そこであらためて「シンフォニア・エロイカ」という題がつけられた。その後、ロプコーヴィッツ侯がこの曲の演奏権利を数年間の期限つきでベートーヴェンから買いとり、侯の邸宅でこの曲はしばしば演奏された。ベートーヴェン自身が指揮をとったものの、第一楽章アレグロの第二部のシンコペーションでオーケストラが完全に混乱し、まったく最初からやり直しをしなければならなかったのも、この邸内の演奏会のことである。

リースは、ベートーヴェンが表紙を破り捨てたといっているが、その表紙は、実は破られていないで写譜稿とともに保存されているのである。それはともかくとして、一八〇六年十月に出版された楽譜では、《シンフォニア・エロイカ》という題がつけられているのである。

ところが、またしても疑問が浮かんでくる。ベートーヴェンが皇帝即位に対してこれほどに立腹したのは、おそらく事実であるかもしれない。しかし、その後一八一〇年十月に、ベートーヴェンは、ハ長調のミサ曲をナポレオンに献呈してもいいようなことを書いているのだ。さらに、一八二四年には、弟子のチェルニーに向かって、ベートーヴェンは、「以前にはナポレオンが嫌いだったが、いまは違う」とも述べている。つまり、ベートーヴェンは、いつごろからナポレオンに怒りを感じなくなったのかということである。この一八一〇年の頃には、ド・トレモン男爵というフランスの役人がベートーヴェンと親しくなり、ベートーヴェンは、男爵にナポレオンのことをいろいろとたずね、ナポレオンに会いたいような態度もみせているので、おそらく、このころにはナポレオンにまた心が動いていたのであろう。ベートーヴェンのナポレオンに対する感情は、変転のはげしかったものであったに違いない。

葬送行進曲をめぐる謎

《シンフォニア・エロイカ》自体にも、疑問を感じさせるようなことがかなりある。たとえば、なぜ突然変異のようにこれほど規模の大きい交響曲を書くことになったのかということである。ナポレオンに献呈するつもりだったから大規模になったのだというのでは、解答として安易すぎるように思われるのである。ひとつの別の解答としては、一八〇三年あたりからベートーヴェンの音楽が外面的な効果や壮麗さを積極的にみせはじめてきているということもあげられるのではなかろうか。ピアノ・ソナタの《ヴァルトシュタイン》、ヴァイオリン・ソナタの《クロイツェル》、それに三重協奏曲などは、そのような例とみることができよう。そうした傾向が第三番目の交響曲でもあらわれてきたということになりそうである。

この第二楽章が葬送行進曲であるということに関しては、これまでいろいろのことがいわれてきた。チェルニーによると、この葬送行進曲は、ネルソン提督あるいはアバークロンビー将軍の死を悼んで書かれたものだという。それに加えて、チェルニーは、それだからこそ第一楽章の性格が陸軍的ではなくて海軍的になっているとまで断言している。だいたいに音楽に陸軍的とか海軍的な性格があるのかどうか知らないが、かなり勝手な説であるには違いない。また、少し前に葬儀のあったホッシュ将軍の追憶のためのものではないかという説のあるも、当をえたものかどうかわからない。ただ、これらの将軍のうち、ネルソンは、一八〇五年に死去しているのである。アバークロンビーは、一八〇一年三月に世を去っているので、時期的にはなれすぎているとも考えられる。英雄の出現によって、戦死した人たちがたくさんいるので、そうしたことがこの楽章の基礎となったのか、あるいは純音楽的に第一楽章と対比させる意味で、特定な具体的な意味もなしにこのような第二楽章をおいたのか、あるいはまた、英雄につきまとう悲劇の象徴として葬送行進曲を挿入したのか、ということも想像できるだろうが、これもあくまで想像の枠内のことである。

ただ、周知のように、一八〇一年のピアノ・ソナタ変イ長調（作品二六）の第三楽章には、ある英雄の死をとむらう葬送行進曲があてられている。この葬送行進曲も実際のところ、具体的に誰のためのものかわからない。当時人気のあったパエールという人のオペラ《アキレウス》のなかの葬送行進曲に刺激されて書かれたのだという説はある。とすると、葬送行進曲がそのころの社会情勢と関連して、ウィーンでなんとなく迎えられるという風潮があったのではないだろうか。

第三交響曲のこの葬送行進曲の伴奏や終楽章で、第五交響曲のいわゆる「運命の動機」の萌芽が認められる。こうした動機がさらにその後のいろいろな曲でもあらわれ、各種の体験をへて、第五交響曲で凝縮して活用されるということになる。第五交響曲のスケッチが少くとも一八〇四年にはじめられていたので、ちょうど二つの交響曲の発想が必ずしも無関係ではないということになるのである。俗説的にいえば、これが英雄と運命との結びつきになるのであろうか。

フィナーレの変容

《シンフォニア・エロイカ》の終楽章でも、問題が浮かんでくる。この楽章には、いまさらいうまでもなく、二種の主題がある。第一主題ともいえるものがピッチカートの旋律のもので、第二主題に相当するものは、オーボエとクラリネットによる軽やかな旋律である。この両方の主題は、ベートーヴェンに関心をもっている人ならすでに知っているように、この交響曲ではじめて登場してきたものではない。そのなかで第二主題は、一七九九年末から一八〇一年にかけて作曲されたバレエ音楽《プロメテウスの創造物》の終曲と、一八〇一年頃作の《十二のコントルダンス》の第七曲に用いられていて、第一と第二の主題は、一八〇二年に作曲されたピアノ用の《十五の変奏曲とフーガ》(作品三五)で使われている。このため、この変奏曲は、のちに《エロイカ変奏曲》とか《英雄変奏曲》とか呼ばれるようになったわけである。

ベートーヴェンが交響曲(あるいはその他の曲)で、このようにこれまで何回か使用した主題をふたたび使うということは、この場合以外には見当たらない。それにしても、《プロメテウス》と舞曲に使われたことから、第二主題をベートーヴェンは、以前は舞曲的な性格のものと考えていたのは事実だろう。だが、交響曲で使われると、この主題は、舞曲的な性格のものではなくなってしまった。ということは、ベートーヴェンは、主題の性格を変容させる自信を充分にもっていたということにほかならない。

それと同時に、この第二主題を交響曲であらためて使ったということは、ベートーヴェンがこの主題に対して、なにか英雄的な一面を感じていたともいえそうである。おそらく、ベートーヴェンは、この交響曲の終楽章で、プロメテウスから人類が受けた恩恵と英雄ナポレオンから与えられたヨーロッパ平定のきざしを関連させて考えたのではないかと思われもする。むしろそうした思想は、あの《エロイカ変奏曲》ですでに芽生えていたのかもしれない。それでこそ、この変奏曲の構想を借用して、終楽章をつくりあげたともいえそうである。しかし、変奏曲から終楽章までには、ベートーヴェンの人間的・音楽的な成長があり、変奏曲での冗長さは、ここで凝縮され、はげしい緊張と弛緩の交替をも駆使することによって、本当に英雄的な規模のものが生まれたのだった。

ベートーヴェンは、ある婦人から出版社のホフマイスターを通じて、「革命ソナタ」の作曲を依頼されたことがある。それに対する返事として、一八〇二年四月八日付のベートーヴェンからホフマイスター宛ての手紙があるが、そこで「革命ソナタ」を書くことをことわっていると同時に、当時の社会に対するベートーヴェンの考えの一端も示されている。たとえば革命の熱のさめた時代にそうした作品を書くことは意味がないとか、いまはすべてがもとの時代のようになろうとしているとか、この新しくはじまりつつあるキリスト教の時代にそのようなソナタは書けないとかのことが記されている。

このような思想が《エロイカ》の底流にもあったとみてよいのではないだろうか。《プロメテウス》の主題を借用して、ヨーロッパ平安のきざしを終楽章で歌いあげたことがそうした関連を示すものではないだろうか。

それにしても、ベートーヴェンは、この交響曲を大至急で書きあげたかったのではないかと思われる。少くとも、第三楽章まで筆をすすめてからは、とくにそう考えたのではないだろうか。だからこそ、《エロイカ変奏曲》を終楽章の土台に使うことになったのだろう。ベートーヴェンがこの交響曲のパート譜の写譜をパリに送ろうとした事実も、そのベートーヴェンの急く気持を立証するようでもある。その写譜は、結局は紛失されてしまったが、その表紙には、やはり「ボナパルト」という題があったというから、パリに発送しようとしたのは完成直後のことである。そして、この曲をパリで演奏させる計画でいたことは、この曲が大規模なものになったことと無縁ではないようである。

楽器法のアイディア

ところで、この第三交響曲の楽器編成は、ホルンが三本になっている以外、第二交響曲の場合と同じである。ところがこのホルンの使用法がなかなか凝ったものとなってきている。それは、第三楽章のスケルツォのトリオをきいただけでもわかるはずだろう。第二楽章でも、ベートーヴェンは、当時としては珍しくホルンに七の和音を吹かせている。第一楽章の展開部の終わりでのホルンの用法も、初演の練習のときから話題になったものだ。この部分は、ベートーヴェンの記譜あるいは写譜のミスと誤解されて、ワーグナーその他が改訂したこともあったたし、イギリスやフランスで出版された楽譜でも変更されていたことがあったのである。しかし、ベートーヴェンがこれを最初から意図していたことは、スケッチから知られる。そのほかにも、ホルンの新鮮な用法は認められる。

ベートーヴェンが、なぜこの交響曲でホルンの用法に開眼したのかもわからない。すでに一八〇〇年四月にホルン・ソナタを書いてはいるが、その経験がこの交響曲に直接に結びついているのだろうか。このソナタと関係のあったホルン奏者ヴェンツェル・シュティヒは、一八〇二年に病気になっていて、翌年にプラハで死去しているのである。

とにかく、この交響曲に関して疑問をもちだせば、まだまだでてくるはずである。しかし、以上で提出したような疑問に対しては、まだ納得できるような解答は与えられていないようである。第一に、この第三交響曲が本質的に英雄とどういう関係をもっているのか、それすらも満足に知られていない実情なのである。なに気なくこの大曲をきいていても、考えてみればわからないことがあまりにも多すぎるのである。

第6話「メルツェルさん、さようなら」――メトロノーム考

ベートーヴェンと交際した人間のなかで、メルツェルの名も忘れることができない。テンポを決定したり測定したりする単純な装置であるあのメトロノームを考案したということでも歴史的に名をとどめているメルツェルのことである。

発明家・音楽家

このヨーハン・ネーポムク・メルツェルは、一七七二年八月十五日にレーゲンスブルクで生まれたというから、ベートーヴェンと同世代に属していたわけである。父親は、オルガンの製作者であり、また機械技師であり、ピアノも巧みに演奏したと伝えられている。ヨーハン・ネーポムクも、ピアノを学び、機械関係に興味をもって成長した。そして、故郷で二、三年間ほどピアノの教師をして働いたのちに、一七九二年にウィーンに進出し、そこにとくに楽器関係の小さな工場をつくった。この商売は、かなり成功したらしい。そして、メルツェル自身も、発明的才能を少しずつみせはじめてきた。たとえば、機械仕掛けのトランペットも考案した。また、パンハルモニコンと呼ぶ装置も考えだし、当時の軍楽隊が使っていたほとんどの楽器の音を出すパイプと強力なふいごを一つのケースにおさめ、オルガンのよう

な方法で自動的に演奏させようとした。ハイドンの《軍隊交響曲》やヘンデルの序曲などがその演奏レパートリーに入っていたという。とにかく、このパンハルモニコンの公開演奏で、メルツェルの名は、急速に広く知られるようになった。そして、一八〇七年末には、このパンハルモニコンをパリで公開し、かなり高い値段で売りさばくのに成功してもいる。こうした仕事の成果があって、メルツェルは、一八〇八年に「宮廷室内機械技師」という称号を受けることになったのである。なお、ケルビーニの《エコー》という作品は、とくにこのパンハルモニコンのために書かれたものである。

補聴器の製作

しかし、このメルツェルは、かつては一七八三年に生まれた弟のレーオナルト・メルツェルと、多くの点で混同されていた。このレーオナルトも、兄と同じような仕事をしていて、いろいろの音楽的な装置を発明したりもした。そのなかには、パンハルモニコンに似たオルフォイスハルモニーがあり、レーオナルトは、これを一八一四年にウィーンで披露し、やはり大きい評判をえた。ベートーヴェンも、このオルフォイスハルモニーを高く評価したという。このレーオナルトは、一八一六年にはピアノの演奏家として独奏会も開いている。そして、一八二七年には、兄と同じく「宮廷室内機械技師」の称号を受けてもいる。

このメルツェルという兄弟二人は、ともにウィーンに住み、同じような職業だったため、混同されることになったのだろう。それに加えて、シントラーが『ベートーヴェン伝』で、この二人を区別せずに扱ってしまったことも、後世に混乱を招く原因となった。たとえば、耳の不自由なベートーヴェンのために補聴器をつくってやったのは、メトロノームで有名なメルツェルであるというような説明に、現在でも出会うことがある。ところが、これは事実ではないらしい。補聴器をつくったのは、弟のほうのレーオナルト・メルツェルだというのが事実のようである。

レーオナルト・メルツェルは、兄のメルツェルよりもずっと「音楽家的」であり、自分で作曲もした。それだけに、兄の場合よりもベートーヴェンに接近することには積極的だったわけである。そして、ベートーヴェンは、このレーオナルトを通じて、兄のヨーハン・ネーポムク・メルツェルと知り合うことになったらしい。ただし、そのような事情ではあっても、ベートーヴェンがいついかなる機会に、レーオナルトと話をすることになり、また兄のメルツェルとつき合うようになったのか、正確なことは知られていない。

レーオナルト・メルツェルは、とにかくベートーヴェンのために、長い管のあるラッパ型の補聴器をつくったし、自分がピアノで演奏する曲目には、ほとんど必ずベートーヴェンの作品を加えていた。それほどに、レーオナルトは、ベートーヴェンに敬意を表していたし、ベートーヴェンのことを考えてもいた。この点では、兄とは対照的だったといってもよいだろう。

クロノメーターの効用

とにかく、ベートーヴェンとメルツェル兄弟との接触は、おそくとも一八一二年はじめには実現されていた。一八一二年末に、兄のヨーハン・ネーポムク・メルツェルは、ウィーンに「芸術室」を開放し、そこに大理石や青銅の彫刻や絵画、それに考案した楽器類や珍しいものを数多く陳列して、大衆の観覧に供したのである。これも、ベートーヴェンの興味を引くことになったらしい。さらに、メルツェルがベートーヴェンと交渉をもつようになったのは、クロノメーターと呼ぶ装置をつくりだしたことによる。一八一三年十月十三日のウィーンのある新聞に、このクロノメーターに関してのつぎのような記事が掲載されている。

メルツェル氏は、機械と音楽に関する定評のある知識をもっていることから、ドイツ、フランス、イタリアへの旅行で、著名な作曲家や音楽学校から、他の人たちの多くの努力にもかかわらず欠陥があると証明されたものを多くの人たちに役に立つように、その才能を発明に注ぐようにと何回となくのぞまれてきた。メルツェル氏は、問題の解決にのりだし、最近展示された見本でウィーンの第一級の作曲家たちを完全に満足させることに成功した。これは、間もなく国内の他のあらゆる作曲家たちの注意を引くものにもなるだろう。この見本は、作曲家のサリエーリ、ベートーヴェン、ヴァイグル、ギロヴェッツ、フンメルが試みた様々のテストにもたえた。宮廷楽長サリエーリは、大作のハイドンの《天地創造》にこのクロノメーターをまず使用してみた。そして、その楽譜の種々の段階に応じたあらゆるテンポを認めた。ベートーヴェン氏は、氏自身の考えているテンポが非常にしばしば誤解されるのを残念がっていて、あらゆる場所でそうした氏自身のテンポでその輝かしい楽曲の演奏を保証するという喜ばしい手段として、この発明をみなしていた。

このクロノメーターは、十二月一日の「一般音楽時報」にも二頁にわたって紹介されているので、当時としては楽界にセンセーションをおこしたものに違いない。その「一般音楽時報」のなかのつぎのような説明からみても、クロノメーターは、メトロノームと呼ばれるものと違うものであったことが知られる。

このクロノメーターの外部には小さなテコがあり、それが歯車で運動をはじめ、その結果として木製の板を叩くことになり、小節が拍の等分な間隔に分割されるのである。

ここでいわゆるメトロノームの歴史を調べてみるつもりはないが、テンポを一義的に決定しようという試みは、すでに十七世紀後半から多くの人たちによっておこなわれている。そして、十九世紀に入ると、さらにその成果においてみるべきものがあらわれた。そのなかでここでとくに関係があるのは、アムステルダムに住むオランダ人技師ヴィンケルの発明である。オランダのアカデミーは、このヴィンケルをメトロノームの発明者とみなしているし、「大英百科事典」（通称ブリタニカ）も、メトロノームの発明者を一般にメルツェルだと記しているが、これは間違いで、実際の発明者はヴィンケルだとしている。しかしまた、メトロノームの発明に関しては、ウィーンの歌手シュテッケルの「拍節測定器」（タクトメッサー）も大きな寄与をなしたのは事実である。

メトロノームで重要な役をするのは、ゼンマイ仕掛けと振子の運動である。そして、この振子の運動を、スペースをとらずに自由に変化させるということが大きな問題だった。これについては、ゴットフリート・ウェーバーが一八一三年ごろから論説を音楽雑誌などに発表していて、それにはベートーヴェンも関心をよせていた。そうした風潮のときに、おそくとも一八一五年にヴィンケルが新しく装置を考えだし、それをアムステルダムで展示した。

アイディア盗作

メルツェルは、ベートーヴェンの《ウェリントンの勝利》と自分のパンハルモニコンでもうけようとして、旅行をしていた。そしてたまたま、一八一五年にアムステルダムに滞在し、ヴィンケルの発明品に接したのだった。こうして、メルツェルは、ヴィンケルのアイディアをそっくりそのまま借用し、パリに落ちついてから、それをモデルにした装置をつくりあげたのである。その場合に、メルツェルの工夫したものは、振子の長さを示す段階の数字を記入したことだった。そして、メトロノームという名で、この製品の特許を一八一六年にパリで獲得した。メルツェルがウィーンにもどったのは、翌一七年である。

メルツェルは、ノッテボームによると（『第一ベートーヴェニアーナ』）、一八一五年という年代をメトロノームに刻んでいたという。しかし、そのメトロノームのことがウィーンにニュースとして伝わってきたのは、おそらく一八一六年秋のことらしい。メルツェルは、パリでこのメトロノームの工場をつくり、量産にのりだした。一八一七年前半のうちに、イギリス、フランス、アメリカで広く愛好されるようになった。ところが、メルツェルがねらっていたドイツとオーストリアでは、売れゆきは、それほど芳しくはなかったのである。メルツェルは、ウィーンにもどってから、ベートーヴェンをかつぎだして、その宣伝をはじめることになる。これについては後述するが、このメトロノームの特許について、ヴィンケル側から訴訟がおこされ、その結果、権利はヴィンケルにあると判定が下された。しかし、すでにおそく、メルツェルは、自分の名でメトロノームを売りこんで、莫大な利益をあげていたのだった。

シントラーの誤解

ここで、問題になるのは、シントラーがクロノメーターとメトロノームとを混同するという誤りをおかしたことである。それによるとつぎの通りである。

一八一二年春に、ベートーヴェン、機械屋のメルツェル、ブルンスヴィク伯、シュテファン・フォン・ブロイニングその他が送別の食事のために集まった。ベートーヴェンは、リンツにいる弟のヨーハンを訪問することになっていて、そこで第八交響曲の仕事をし、それからボヘミアの保養地にでかける予定だった。メルツェルは、その有名な自動式のトランペットでもうけるためにイギリスへ旅行することになっていた。しかし、メルツェルは、この計画をやめ、無期延期にした。この機械屋の発明した拍子測定器――メトロノーム――は、すでにサリエーリ、ベートーヴェン、ヴァイグルその他の音楽的な著名人からその効用について公衆への推薦もえたほどに進歩したものであった。ベートーヴェンは、大体に朗らかに機知をみせ、しかも皮肉にそれを〝指揮者不要のもの〟と呼び、この送別の食事で、つぎのようなカノンを即興した。それをすぐに仲間たちも歌った。

そして、シントラーは、ここにそのカノンの楽譜を掲げ、このカノンから第八交響曲のアレグレット・スケルツァンドがつくられたのだと述べている。このカノンは、キンスキー＝ハルムの作品目録で、ＷｏＯ一六二となっているもので、第八交響曲第二楽章の解説のときにしばしば引用される有名なものである。これは、「タ・タ・タ・カノン」と呼ばれることもある。というのも、このカノンには、「タ・タ・タ……愛するメルツェル、さようなら、ごきげんよう、時代の魔法使い、偉大なるメトロノーム……」といったドイツ語のベートーヴェン自身の歌詞がついているからである。

シントラーのいうように、一八一二年春にそうした会食がおこなわれたのかどうかがまず疑わしい。というのも、一八一〇年三月から一三年二月までの間、ブルンスヴィク伯はウィーンにいなかったからである。また、たとえブルンスヴィク伯が出席していなくとも、その当時メルツェルのメトロノームが評判だったというのもおかしい。さらに、一八二〇年のベートーヴェンの会話帳でシントラーは第八交響曲の第二楽章の動機によるカノンのオリジナルの楽譜が見当たらないから、それを自分のために書いてくれないかと、ベートーヴェンに頼んでいる。また一八二四年に、「タ・タ・タ・カノン」を歌った楽しい夕方は、一八一七年末だったと思うと記している。

一八一七年末には、メルツェルはウィーンにもどってきているし、メトロノームを披露してもいる。とすると、会食をしたのが一八一二年春だとすれば、その当時に歌ったカノンの歌詞は、現在のこっているものと別のもので、メトロノームという語をもっていなかったはずで、一八一七年末にカノンを歌ったときには、現在の歌詞のものであったらしいということになるが、シントラーのことだから、この年代にも記憶違いはありうる。ただし、シントラーは、自分ではソプラノを歌い、メルツェルがバスを歌ったと記しているので、とにかくメルツェルがウィーンにいたときのことになる。それに、現在のこっているこのカノンの楽譜には、メトロノーム速度で八分音符が七十二と明記されている。これは、ノッテボームによると、シントラーが第八交響曲の第二楽章からとってきたもののようで、ベートーヴェン自身が与えたものではないとのことである。

ノッテボームは、このカノンが一八一二年春に即興的に作曲されたということと、交響曲の第二楽章のスケッチの年代とは矛盾しないと述べている。しかし、だからといって、このカノンが第二楽章に利用されることになったというのは、いささか早計ではないだろうか。一八一二年の春に会食が実際におこなわれたものかどうかわからないし、その会食のときにベートーヴェンがすでにこの楽想をもっていたのかもしれない。

ベートーヴェンのメトロノーム観

メルツェルは、一八一七年にウィーンにもどってきた。メトロノームの売れゆきがドイツとオーストリアでは期待したほどにのびていないので、ウィーンに住む有力な作曲家たちから推薦文をもらうことを考えついた。ところが、メルツェルとしては、とくにベートーヴェンの強力な推薦文がほしいのだが、《ウェリントンの勝利》（《戦争交響曲》とも）の権利をめぐってベートーヴェンとは法律上で争っているので（詳細は、本書一三〇頁以下）、ベートーヴェンに接近するのにためらいを感じないわけにはゆかなかった。

しかし、そこは根が図々しいメルツェルのことだから、当たってくだけろとばかりにベートーヴェンを訪問した。ところが、予想に反して、《ウェリントンの勝利》の問題は、裁判の費用を等分に折半することで円満に解決し、おそらくベートーヴェンは、これで気をよくしたのだろうが、メトロノームを支持する態度をみせたのである。こうして、一八一七年二月六日のウィーンの「一般音楽時報」で、今後の自分の作曲のテンポにはメトロノームの目盛りによって記号をつけると声明した人たちの一人として、ベートーヴェンの名も記されることになったのである。そして、実際にベートーヴェンは、一八一七年と一八年に作曲したほとんどすべての曲にメトロノーム記号をつけたのだった。さらに晩年の一八二六年十二月のベートーヴェンの手紙でも、メトロノームの必要性を強調し、ベルリンで第九交響曲が成功した原因の大半はメトロノームの指示があったためだと述べている。

しかし、もちろんベートーヴェンは、メトロノームの効用を過信していたわけではない。第九交響曲に二回目のメトロノーム指定を与えることになったとき、第一回目と第二回目の間に相違があるのに気がついて、つぎのように怒鳴ったという話が伝わっている。

メトロノームなどはまったく不必要なものなのだ。正当な感情をもっているものには、こうしたものを使う必要がないし、またそのような感情をもっていないものには、これはなんの役にも立たない。そのような指揮者ならば、オーケストラ全体と一緒になって走っていってしまう。

メルツェルは、ベートーヴェンに自製の上等のメトロノームをプレゼントしたらしい。そして、ベートーヴェンも、これを愛用した。ベートーヴェンの死後の遺品の目録には、当時としてはかなり高価に値ぶみされたメトロノームがあった。なお、このメトロノームは、目録の三倍の値でイェーガーという人に引きとられた。その後、それは、グラーツのパッハラー＝コシャーク夫人の手に渡り、それから夫人の親類のイーダ・キュール女史の所有物となった。

渡英計画と戦争交響曲

ベートーヴェンは、またメルツェルからもイギリス行きをすすめられ、自分もその気になったことがある。一八一三年のことである。ところが、弟のカールの健康状態が思わしくないので、延期になってしまった。メルツェル自身も、モスクワでの展示会の準備が必要となったために、イギリスにでかけるのがむずかしくなっていたところだった。こうして、出発は、一応年末までのばされることになった。そして、メルツェルは、ロンドンで自分のパンハルモニコンの演奏会を成功させようということで、イギリス人の好きなヘンデル、ハイドン、ケルビーニの作品を、この楽器で演奏できるような状態にしたほかに、すでにイギリスでも高名になっているベートーヴェンに、そのための新曲を書いてもらおうと考えた。メルツェルは、かねてから描写的な音楽でもっとも成功しやすいのは、戦争と勝利を扱ったものに限るという意見をもっていたし、これまでの数十年の間にそうした音楽で人気をえたものが少なくないことも知っていた。そうしたときの一八一三年七月二十七日に、ヴィットリアでのウェリントンの勝利のニュースがウィーンに伝わったのである。目先のきくメルツェルがこの事件を見逃すはずはなかった。こうして、いろいろの経過をたどりながら、《ウェリントンの勝利》（《戦争交響曲》）が生まれることになったのである。

この《ウェリントンの勝利》については、次章でまたふれることになるが、この曲がウィーンで大好評だっただけに、メルツェルは、ベートーヴェンと同行することをやめて、単身でミュンヘンにでかけ、それからロンドンに向かおうとした。そのとき、ベートーヴェンの同意なしに、《ウェリントンの勝利》のスコアを持ちだしたことも、ベートーヴェンの感情を大いに害した。メルツェルは、ロンドンから思わしい反応がなかったので、ロンドンにはゆかなかったらしい。しかし、それが逆に幸福となり前述のとおりアムステルダムでヴィンケルの装置に接することにもなったのである。

メトロノームをウィーンで大いに宣伝したあと、メルツェルは、アメリカをはじめとして、各地へ頻繁に旅行した。そして、結局一八三八年七月二十一日に、アメリカの帆船の船室のなかで、誰にもみとられずに洋上で淋しく他界した。

このメルツェルの弟レーオナルトは、一八五五年八月にコレラで死去した。

第７話《ウェリントンの勝利》の顚末

イギリスの軍人で政治家のウェリントンが指揮する軍隊は、一八一三年六月二十一日にナポレオン軍をヴィットリアで完敗させた。そのニュースがウィーンに到着したのは、七月二十七日のことである。フランス軍による占領とか、インフレとかそのほかで苦杯を味わってきたウィーン市民が、このニュースに歓喜したのは当然のことであろう。

メルツェルの計画

抜け目のないヨーハン・ネーポムク・メルツェルがこの機会をのがすはずはなかった。しかも、その少し前にメルツェルは、ベートーヴェンに自分とともにイギリスを旅行することをすすめたことがあり、それが実現しないとなると、自作のパンハルモニコンの宣伝のために、単身ででもイギリスにでかけようと計画していた。そして、その企画をロンドンで成功させるには、ベートーヴェンにパンハルモニコンの作曲を依頼し、当時の情勢からみて戦争と勝利を扱った作品をつくらせ、ベートーヴェンの名にあやかって、聴衆を動員させるに限ると考えていたのである。

このようにして、メルツェルは、ウェリントンの勝利を機会に、ウィーンとロンドンで大成功をえようと、かねてからの腹案をベートーヴェンに打ちあけたのである。そこにイギリスの民謡《ルール・ブリタニア》とフランスの行進曲《マルブロック》とそしてイギリス国歌を用いることは、メルツェルの創意であったようである。

キンスキー＝ハルムのベートーヴェン作品目録によれば、ベートーヴェンは、まずパンハルモニコンのために《ウェリントンの勝利》をメルツェルの助力のもとに作曲し、それからメルツェルのすすめに従って、それを管弦楽用に書き直したとのことである。パンハルモニコンのための曲は、十月はじめにはできあがっていたらしい。ところが、問題は、ロンドンに装置そのほかを持ってでかけてゆくのに相当な費用がかかることで、その費用をひねりだす必要があった。メルツェル自身、音楽家的な素養もあったので、パンハルモニコンのための《ウェリントンの勝利》の楽譜を見て、これを大編成の管弦楽用に編曲し、それを実際に公開演奏すれば、大評判になるに違いないと見当をつけたのだった。しかも、幸いなことに、ベートーヴェンの手元には、二曲の新作の交響曲（第七番と第八番）があり、そのうちの第七番は、ルードルフ大公邸での試演のためにすでに写譜されていた。メルツェルは、この交響曲も公開初演すれば、その分の楽譜代はかからなくてすむし、程度の高い音楽愛好家の層も動員できるはずだと目をつけた。

ベートーヴェンがメルツェルの計画に応じて《ウェリントンの勝利》を作曲し、また第七交響曲の楽譜を提供するについては、ベートーヴェン自身の経済状態も大きな関係があった。ウィーンが一八〇〇年当時とくらべて五倍以上もの物価高になっていたのに加えて、ロプコーヴィッツ侯が一八一一年に破産し、その年の九月からベートーヴェンに年金を支給することができなくなっていた。さらに、もうひとりの有力な年金支給者であるキンスキー侯が一八一二年十一月に落馬して死去してしまったのである。ベートーヴェンは、一三年六月にロプコーヴィッツ侯とキンスキー侯未亡人を相手どって、年金の契約違反の訴訟までおこした（二年後にベートーヴェンの勝訴となる）。こうした時期だったので、ベートーヴェンとしても、メルツェルの提案に応じる気になったのであろう。

初演の時

メルツェルがベートーヴェンをかつぎだして、大々的に演奏会を開こうと計画をたてたことには、もう一つ動機があった。それは、一八一三年十一月十一日と十四日にオーストリアとバイエルンの、戦死した将兵の未亡人と遺児たちのための慈善演奏会の準備がウィーンですすめられていたのにヒントをえたことだった。そして、メルツェルは、自分の計画した音楽会を、最近のハーナウの会戦で負傷したオーストリアとバイエルンの将兵の慈善音楽会とし、それを二回から三回開催しようと考えた。こうして、手元にあった《ウェリントンの勝利》のパンハルモニコンのための楽譜をベートーヴェンに返し、管弦楽用のものにすることをベートーヴェンに依頼したのである。ベートーヴェンがその仕事にとりかかったのは、やはり十月のことらしい。

メルツェルのほうは、慈善音楽会ということを看板にして、ウィーン在住の、あるいはたまたまウィーンに滞在していた著名な音楽家に、オーケストラ奏者として賛助出演の承諾をえるのに奔走した。こうして、予想以上の著名音楽家をオーケストラに迎えることに成功したのである。そして、その第一回の演奏会は、十二月八日にウィーン大学のホールで開かれた。このホールを使用できたことについては、ベートーヴェンがルードルフ大公に口添えを頼んだことも大きく働いている。そのプログラムは、ベートーヴェンの「完全に新しい交響曲」として第七交響曲の初演ではじまり、《ウェリントンの勝利》で終わるというもので、その中間にメルツェルの考案したトランペーターと管弦楽伴奏による、ドゥセックとプレイエルの行進曲をおいていた。

この演奏会は、メルツェルの予想通りに大成功で、すぐに十二月十二日の日曜日の昼間にも、同じメンバーと同じプログラムでくりかえされた。そのオーケストラを指揮したのはもちろんベートーヴェンであり、そのコンサートマスターはシュパンツィヒであった。さらに、ヴァイオリンには、当時の著名なシュポーアやマイゼーダーの顔も見られ、コントラバスには有名なドラゴネッティがいた。また、サリエーリは、舞台外の大砲などの指揮を担当し、モシェレスは、シンバルを、フンメルは大太鼓を受けもった。マイヤーベーアは、打楽器を奏したが、拍子を数え間違って、練習のときにベートーヴェンからにらまれたりした。十六歳のシューベルトは、聴衆のひとりとして客席にいたという。

指揮者ベートーヴェン

セイヤーは、このときのベートーヴェンの指揮ぶりを、シュポーアの自伝のなかの文章の引用で伝えている。もっとも、このシュポーアの文章は、シュポーア自身の記憶にあいまいさがあって、レドゥーテンザールでの第七交響曲と《ウェリントンの勝利》そのほかのプログラムの演奏会（一八一四年十一月二十九日、あるいは十二月二日らしい）となっている。しかし、この文中で、シュポーアがそのときにはじめてベートーヴェンの指揮を見たとしているが、ベートーヴェンそのほかの記録によると、シュポーアは、確実に前年の十二月八日と十二日の演奏会でオーケストラに加わっていたのである。

とにかく、正確にどの演奏会であったのかは、ここでは本質的な問題でない。シュポーアはつぎのように伝えている。

（歌劇《フィデリオ》の上演が成功し、ベートーヴェンの存在が注目されるようになったので）ベートーヴェンの友人たちは、この好ましい機会を利用して、彼のためのレドゥーテンザールでの演奏会を開催することにし、そこでベートーヴェンの最新作を演奏することにした。弦楽器を奏することのできる者、管楽器を吹ける者、歌える者はみな協力するために招かれ、ウィーンの著名な芸術家はすべて姿を見せた。私と私のオーケストラももちろん加わった。そして私は、ベートーヴェンが指揮するのをはじめて見た。私は、彼の指揮についてはは多くのことをきいていたが、それでも大いにおどろかされてしまった。ベートーヴェンは、体をいろいろと風変わりに動かして、オーケストラに表情の指示を与えるのが普通だった。スフォルツァンドのたびに、ベートーヴェンは、その前まで胸の上に組んでいた腕を、ものすごいはげしさで別々に引きはなした。ピアノ（弱音）のときには、体をかがめ、低くかがめればかがめるほど、彼は柔らかいピアノをだすことをのぞんだ。それから、クレッシェンドとなると、しだいに身をおこし、フォルテの開始で上方に噴きだすように跳びあがる。フォルテをさらにもっと増大させるためには、ベートーヴェンは、ときにはまた、オーケストラに大声で叫ぶこともあった。ベートーヴェンは、それを気にもかけなかった。

私が指揮の奇妙な方法におどろいたことをザイフリートに伝えたところ、彼は、アン・デア・ウィーン劇場でのベートーヴェンの最近の演奏会でおこった悲喜劇的な様子を話してくれた。

つぎにザイフリートの話を引用しておこう。

しかし、ベートーヴェンの友人たちによって準備された演奏会は、たいへん輝かしい成功を収めた。ベートーヴェンの新作は大いに喜ばれた。とくにイ長調交響曲（第七番）がそうだった。すばらしい第二楽章はアンコールされ、私にも深い忘れえぬ印象を与えたのだった。その演奏は、ベートーヴェンの不確実でしばしば滑稽な指揮にもかかわらず完全に傑作だった。

かわいそうな耳の遠い大家が、自分の音楽で、もはやピアノ（弱音）をききとれないことは明らかだった。このことは、とくに交響曲の最初のアレグロの第二部のパッセージで知られた。その部分にはすぐつづく二つの休止符があり、その第二番目は、ピアニッシモとなっている。ベートーヴェンは、おそらくこの休止を見落としたらしい。というのも、オーケストラがこの第二の休止に入る前に、ベートーヴェンは、また拍子をとりはじめたからである。だから、それを知らずに、彼は、オーケストラがピアニッシモではじめたとき、十小節から十二小節もオーケストラより先行していたのである。ベートーヴェンは、自分なりの方法でこのピアニッシモを示すために、デスクの下に完全に身をかがめてしまった。それにつづくクレッシェンドで、彼はまた姿を見せ、しだいに身体をおこしてきて、彼の計算によるフォルテのはじまりで、高く跳びあがったのである。フォルテとはならなかったので、ベートーヴェンは、おどろいて周囲を見回し、不思議そうにオーケストラを見つめた。オーケストラは、まだピアニッシモを奏していたのであり、やっとしばらくして期待していたフォルテがはじまったときにはじめて、ベートーヴェンは、立ち直り、きこえるようになったのである。幸いにも、この場面は、公開の演奏でおこったことではない。そうでなければ、聴衆は、たしかにまたも笑ってしまっただろう。

ベートーヴェンは、一八一二年秋に弟のいるリンツにおもむき、そこで第八交響曲を完成している。このリンツ滞在中にベートーヴェンは、そこの大寺院の楽長でまた教育者でもあるフランツ・グレッグルと知り合い、世話になったりもした。このグレッグルが一八一三年十二月の第七交響曲と《ウェリントンの勝利》の演奏会の練習に、ベートーヴェンの許可をえて同席し、そのときの回想文をのこしている。

あるリハーサルで、ヴァイオリンの奏者たちが交響曲のあるパッセージの演奏を拒否し、演奏不可能なむずかしいものを書いたことでベートーヴェンを非難したことを、私はおぼえている。しかし、ベートーヴェンは、紳士たちに、パート譜を家に持って帰ることを頼んだ。——彼らがそれを家庭で練習してくれれば、きっとうまくゆくだろうというわけだったのだ。翌日のリハーサルでは、そのパッセージはすばらしく演奏された。そして、紳士たちは、ベートーヴェンを喜ばせたことで、自分たちも喜んだように見えた。

再演、そして不和

ベートーヴェンは、一八一四年一月二日にも、レドゥーテンザールで《ウェリントンの勝利》を再演することにした。しかし、この演奏会にはメルツェルは協力しなかった。メルツエルとしては、十二月の演奏会で目的を果たしたようなものだったし、その準備のための犠牲も大きすぎたのである。そのため、前回のプログラムのトランペーターによる作品が今回は演奏できなくなったので、その代わりに、《アテネの廃墟》からの三曲をとりあげることになった。今度のオーケストラは、前の二回のときとほとんど本質的には変化がなく、専門家と素人の混成だった。それだけに、《アテネの廃墟》からの音楽の練習が必要だっただけで、オーケストラに対する費用は安くあがった。演奏会の結果は、やはり大成功で、聴衆を熱狂させたのだった。

ベートーヴェンがこの演奏会をいわば自主的に開催したのは、前の二回の演奏会での純益があまりにも多かったにもかかわらず、ベートーヴェン自身その恩恵を受けなかったからである。それに加えて、ベートーヴェンとメルツェルとの間の感情問題がそろそろこじれはじめてきていた。ベートーヴェンは、少し前にメルツェルとともにロンドンにゆくということで、メルツェルから五十ドゥカートを融通してもらったことがある。そして、第一回目の演奏会が終わったあとで、メルツェルは、ベートーヴェンに四百ドゥカートを貸しているのだというデマをばらまいた。ベートーヴェンは、憤慨して、即座に五十ドゥカートを返し、メルツェルのそうした性格では一緒に旅行はできないと告げたのである。実は、第一回目の演奏会の前に、メルツェルは、ベートーヴェンの同意なしにポスターを作成し、《ウェリントンの勝利》には作曲家ベートーヴェンの名を故意に明示せず、いかにも自分の作品のようにみせかけようとしたことがあった。このことも、ベートーヴェンを怒らす原因となり、抗議した結果、「ロンドンへの旅行のためにふたりの友情から生まれた」と刷りこまれたのだった。

メルツェルの反撃

ベートーヴェンがロンドン旅行を中止したことで、メルツェルは、その旅行のための準備そのほかで大きな損害を受けたとし、《ウェリントンの勝利》を友情のたまものであると主張し、ベートーヴェンの権利を認めない態度もみせた。そこで、第三回目の演奏会のあと、アドラースブルク博士の法律事務所で、博士を仲介として、ベートーヴェンとメルツェルは、数回の談合を重ねることになったのである。しかし、この話合いはまとまらず、最後の予定された会談のときには、メルツェルは、姿を見せなかった。

メルツェルは、その《ウェリントンの勝利》を演奏するために、それからすぐにミュンヘンに出発してしまったのである。その楽譜は、実はベートーヴェンの手元にあった。そこで、メルツェルは、八方手をつくしてパート譜をいくつか手に入れ、それをもとに比較的正確な総譜をつくりあげ、それを持ってミュンヘンにでかけたわけである。そして、メルツェルは、ミュンヘンで三月十六日と十七日に演奏会を開いた。こうした事情も、ベートーヴェンには許せなかった。しかし、メルツェルは、この《ウェリントンの勝利》で、ベートーヴェンに貸した四百ドゥカートを天引きにすると公言したのである。

こうして、ベートーヴェンは、メルツェルに対して訴訟をおこすことにし、またメルツェルがロンドンでその曲を珍しい作品として公開演奏できないようにするために、大至急で《ウェリントンの勝利》の写譜をつくり、イギリスのジョージ摂政殿下に曲を献呈し、またロンドンの音楽家たちに宛てて、七月十四日付で、声明文を発表した。それには、作品をメルツェルに渡したのではなく、その楽譜の写しは摂政に送った以外には誰も持っていないはずで、メルツェルの持つパート譜による演奏は詐欺であると記され、メルツェルの演奏会には協力しないようにと要請されている。

ところがそうしたベートーヴェンの手配をよそに、メルツェルのほうは、ロンドンから演奏会のための積極的な誘致がないので、ロンドンにゆくことを中止してしまったのである。そして、アムステルダムに滞在することになる。その結果、ベートーヴェンは、ひとり相撲をとっているような形にもなってしまった。

《戦争交響曲》とも呼ばれるこの《ウェリントンの勝利》を、ベートーヴェンは、他の曲目とともに一八一四年十一月二十九日、十二月二日、それにおそらく十二月二十五日にも演奏した。そのうちの十二月二日のものは、客席の半分ほどしか聴衆が入らなかったという。十二月二十五日のものは、ある病院のための慈善演奏会で、これは、多数の客を集めたらしい。

その一方で、この曲の所有権および上演権をめぐってのメルツェルを相手どった訴訟は、なかなか進展をみせていない。そしてメルツェルは、一八一七年にミュンヘンをへてウィーンにもどってきている。メルツェルがメトロノームのことでベートーヴェンに会いにゆき、この訴訟問題がそのときにあっけなく解決してしまったのは、前章でも紹介した通りである。だいたい、著作権制度が確立されていない当時としては、話し合いによる以外には解決の方法のない種類のものであった。作品のプラン自体はメルツェルが提案したものであったし、ベートーヴェンが無料でそれをパンハルモニコンのために書いてやったのは事実である。当時の慣習としては、このパンハルモニコン用の作品は、メルツェルの所有に属することになってしまう。この作品をオーケストラ用に編曲したことで、作品の所有権がメルツェルからベートーヴェンの手に移るものなのかどうか、この点が議論の焦点になったわけである。ところが、一八一六年二月にそのオーケストラ用の楽譜を出版してしまってからは、ベートーヴェンとしてはそうした問題に頭を使うのが面倒くさくなったのだろう。一七年のメルツェルとの再会で、この訴訟の費用を折半することで、簡単に問題を解決させてしまった。もっとも、シントラーあたりの説によれば、このように裁判を不当に長引かせ、それによって金銭的にも精神的にもベートーヴェンを悩ませ、それから急速度に問題を解決させるというのが、メルツェルの作戦であったともされている。なお、メルツェルは、これ以後ふたたびウィーンにもどることはしなかった。

メルツェル再評価

ベートーヴェンの側から見れば、メルツェルは、教養の乏しい悪がしこい人間とされている。しかし実際には、メルツェルはそうした面だけの男ではなかったようである。前章でも紹介したように、このベートーヴェンさえも、メルツェルと機嫌よく話をしたりした。メルツェルには、そうした人を引きつける力のようなものがあったのだろう。しかも、訴訟問題が終わったあとすぐに、ふたりの間に友情が復活しているのである。メルツェルは、その後の晩年をアメリカで、とくにフィラデルフィアを中心として生活し、ときには旅行もしたのだが、フィラデルフィアでのメルツェルの友人の証言によると、メルツェルは、教養ある紳士だったとのことである。ことによると、メルツェルは、ベートーヴェンの伝記作者から、実際とは別に悪人扱いをされることになってしまったのかもしれない。

なお、《ウェリントンの勝利》の写譜は、イギリスの摂政に予定通り献呈されたが、それに対する謝意の表明をベートーヴェンはその当時は受けなかった。そのことについても、ベートーヴェンの心中はおだやかでなく、一八二三年になっても、受けとったという返事がないのに、ロンドンでそれを演奏させて国王ジョージ四世（かつての摂政）が気に入ったという報告が他の方面から自分の耳に入っているとして、憤慨しかつ皮肉っている。

人気のあった曲だけに、ベートーヴェンの執念も、メルツェルのことに劣らないほどすさまじかったといってもよい。

インテルメッツォ　ベートーヴェンと宗教——フリーメーソンだったのか？

モーツァルトがフライマウレライ（フリーメーソン）に加入していたことはよく知られている。このフリーメーソンの起源に関する伝説はいくつかある。中世ドイツの叙事詩にあらわれる禁欲的な騎士団「聖グラール」がその起源だとか、旧約聖書に登場するフェニキア人の建築師ヒラムの伝説によるものだとか、中世のテンプル騎士団をつぐものだとか、いろいろの説がある。それはともかくとして、フリーメーソンは、まず十八世紀にイギリスで体制をととのえたという。それがフランスに輸入されてから、多くの信奉者をえて、大発展をしたのだった。したがって、ヨーロッパでフリーメーソンが幅をきかすようになったのも、まずモーツァルトの少し前の時代からだとみてよい。

保護と弾圧の歴史

もともと、このフリーメーソンには、秘密の教義というものはなかったという。ラテン系諸国では、共和主義・合理主義を表面に打ちだし、ゲルマン系の国では、自由・平等・博愛をモットーとしていた。そして、ドイツ＝オーストリアでも、フリーメーソンは、広範にわたる会員をかかえていた。たとえば、プロイセンのフリートリヒ大王も会員だったし、オーストリア皇帝ヨーゼフ二世も、会員ではなかったが、その保護者であった。このヨーゼフ二世時代のウィーンのフリーメーソンについて、ヨーゼフ二世の母である女帝マリア・テレージアの秘書の娘で、詩人で劇作家のカロリーネ・ピヒラーはつぎのように書いている。

皇帝ヨーゼフ二世の統治時代の特徴の一つに、いわゆる秘密結社の助けによって、公然と社交界のなかに繁栄させる運動があった。フリーメーソンの結社は、途方もないといえるような宣伝力をもってその活動をつづけた。フリーメーソンの歌が印刷され、作曲され、いたるところで歌われた。フリーメーソンの記章は、時計の付属品として身につけられ、夫人たちは、会員から白い手袋を受けとった。フリーメーソンのエプロンを示す青いふちどりの縫い目をもった白いサテンのマフのようないくつかのファッションの品物が「フリーメーソンふう」として通用していた。多くの人たちは、好奇心にかられて加入した。……他の人たちは、また別の動機をもっていた。その当時、この団体に属しているということは、有利ではないというわけではなかった。この団体は、どのサークルにも会員をもっていたし、仲間に指導者や代表者や政府高官を誘いこむ方法も知っていたのである。……

このヨーゼフ二世は、一七九〇年に世を去った。それからのオーストリアでは、フリーメーソンの組織は、これまでのように当局から理解をもって迎えられなくなり、むしろ弾圧されることにもなった。モーツァルトの「魔笛」の台本がこうしたフリーメーソンと結びつけて説明されることが多いのも周知の通りであって、フリーメーソンに対する肯定派と否定派が、当時はっきりと存在していたのであった。

こうした時代にベートーヴェンはボンで成長し、ウィーンに進出してきたわけである。ボン時代のベートーヴェンの先生であったネーフェは、ロッジ（フリーメーソンの地方自治的団体）での積極的な活動家であった。このネーフェは、ベートーヴェンの才能を見抜き、ベートーヴェンに正統的な音楽を書くようにさせたことで知られているほかに、ベートーヴェンの仕事の面でも世話を焼いたのだった。そして、教養もある人で、ベートーヴェンに多くの点で感化もおよぼした。ベートーヴェンとしても、ネーフェに感謝をもっていた。それだけに、ネーフェがフリーメーソンの活動家であったことは、若いベートーヴェンにとって、多少なりとも心理的な影響を与えることになったのではないかとも考えられる。

フリンメルの見解から

ところで、このベートーヴェンが実際にフリーメーソンの会員であったのかどうかは、正確なところはわからない。セイヤー＝リーマンのベートーヴェン伝では、その第三巻で、

ベートーヴェンが、以前にフリーメーソンに加入していたという事実——ベートーヴェンは聴覚に障害をきたしてからは、もちろんロッジにでかけることをやめた——は、

……

と、記されている。ところが、セイヤー＝フォーブスのベートーヴェン伝では、すでにその文章はカットされているのである。フリンメルの『ベートーヴェン・ハントブーフ』のフライマウレライの項目では、

ベートーヴェンがフリーメーソンに属していたということは、可能性はあるが、確実なことではない

とされている。

このフリンメルによると、ベートーヴェンがフリーメーソンに加入していたという主張は、一八一〇年五月二日の、ベートーヴェンがヴェーゲラーに宛てた手紙のなかの文章が、おそらく誤解されたことによるのだという。この手紙は、テレーゼ・マルファッティとの結婚を実現させようとして、洗礼証書を送ってくれるよう頼んだものという点からも重要なものである。その意味で、少々長いがここでその全文を紹介しておこう。

親切な旧友よ——私の手紙が君をおどろかせることになるのは充分に想像できます。——そして、君が手紙で証明してくれなくとも、私は君のことをいつも鮮明におぼえています。ずっと前から私の草稿のなかに、君に宛てたもので、実際にこの夏に君が入手

するはずのものがあります。ここ二、三年来、私にとっては静かな平和な生活が縁遠くなり、私は、強い力で世間の生活のなかに引き入れられてしまっています。まだ私は、それがどういう成果をもたらすのかわかりませんが、おそらく逆の結果になるでしょう。――それでもいったい、外からの嵐は、どの人にはおよんではならないのだろうか。しかし、悪魔が私の耳のなかに住居を定めてしまわなかったら、私は幸福であるだろうし、おそらくもっと幸せな人間の一人であるでしょう。人間が一つのよい仕事をまだ実行できぬうちに、自分の生命を勝手に断ち切ってしまうのはいけないことだということを、私がどこかで読んだことがなかったのなら、私は、もうずっと以前に存在していなかったでしょう。――おお、人生はたいへんに美しいものだ。だが私の人生はいつも毒を盛られている。

私の洗礼証書を私のために取りよせてくれと頼んでも、君は友人の頼みを拒否はしないでしょう。――その場合に要する費用がいくらであっても、シュテファン・ブロイニングが君と精算をしますから、私がここでシュテファンにすべてを返すのと同じように、君は勘定をすますことができます。そのようなことを調査するのが君には骨折りがいがあり、コプレンツからボンに旅行するのを承知ならば私のために旅立ってくれないだろうか。――それはともかく、少しばかり注意しておくことがあります。つまり、私には兄がいたことです。彼は、同じようにルートヴィヒという名前でしたが、ただマリアという名を加えていました。しかし、死亡しています。私の正確な年齢を決定するために、まずルートヴィヒをさがしださなければならないわけです。というのも、私の実際の歳よりも私の年齢を多くみるという誤りを別の人がおかしていることを、私はすでに知っているからなのです。——不幸にも、私は、しばらくの間、自分が何歳なのかを知らないで生きていました。——私は家族登録簿をもっていましたが、それをなくしてしまいました。天におまかせです。——そこでルートヴィヒ・マリアとその後に生まれた現在のルートヴィヒをさがしだしてくれるよう、よろしくお願いします。君が洗礼証書を早く送ってくれればくれるほど、私の喜びは大きくなります。——君はフリーメーソンのロッジで私の歌曲を、おそらくホ長調の歌曲を歌ったといわれていますが、私自身はそれをもっていません。それを私に送って下さい。それをなにか別の方法で三倍から四倍以上にして埋め合わせすることを約束します。——私が、外面的にはたとえ君に少ししか役立たなくとも、適当な好意で私のことを考えて下さい。——君の敬愛する奥さん、子供たち、そして君の愛するすべての人に抱擁と口づけを。

ロッジで歌われたリート

ところで、ヴェーゲラーは、この手紙にでてくる歌曲について、つぎのような注釈を与えている。

ベートーヴェンはここで間違っている。ベートーヴェンがすでに所持していなかったものは、彼がそのために作曲した歌曲ではなくて、マッティソンの詩「奉献歌」による曲につけた別の歌詞のものにほかならない。私は、同じようなことを、ベートーヴェンがずっと以前に作曲した歌曲《自由な人は誰か》でもおこなった。……

つまり、ヴェーゲラーは、ベートーヴェンの二曲の歌曲に、勝手にフリーメーソン用の歌詞をつけて歌ったのである。しかも、それをのちに自分の『伝記的ノート』の付録として出版もしたのだった。その「奉献歌」につけたものは、フリーメーソンに採用されたときの歌で、《自由な人は誰か》にはフリーメーソンの質問の歌詞がおかれている。

この事実からも知られるように、ヴェーゲラーは、ライン地方のフリーメーソンに加入していた。

友人のヴェーゲラー、先生のネーフェがフリーメーソン会員であったということは、ベートーヴェンがやはり会員であったということにはもちろん結びつかない。しかし、少くともこの二人を通じても、ベートーヴェンがフリーメーソンに多少の知識をもっていたことは、充分に可能性がある。それに加えて、ヴェーゲラーへの手紙のなかで、コブレンツ近郊のロッジで自分の歌曲が歌われたことを知っていると告げているが、このニュースをベートーヴェンがどこから入手したのかも問題である。しかし、これについても正確なことはわからない。偶然にベートーヴェンの耳に入ったのか、誰かある会員がベートーヴェンに知らせたかのどちらかであろう。ベートーヴェン自身が会員であれば、そうした情報をうることは当然できたはずである。

シントラーとホルツの見解

さらに、シントラーがベートーヴェンをはじめて訪問したときには、二人の間で普通の握手とは違ったフリーメーソン方式に似た握手がかわされたとも伝えられている。ただし、このシントラーが実際にフリーメーソンであったのかどうか、知られていないようだ。そして、この種の握手をしたからといって、二人が必ずしもフリーメーソンに属するとは断言できないだろう。それが他意ないものであったり、何か別のことを意味することだってありうる。シントラー自身も、「握手はもっと多くのことを意味するものなのだ」と述べている。

また、ベートーヴェンは、このシントラーのことをしばしば、「Samothracier」と呼んだという。これは、入会者や宗教上の兄弟を暗示する言葉でもあった。

ベートーヴェンがフリーメーソンであったと、セイヤー＝リーマンがいかなる根拠から断定したのか不明だし、その後にセイヤー＝フォーブスが、なぜそれにひとこともふれていないのかもわからない。おそらく、ベートーヴェンがフリーメーソンだったということを最初にいいだしたのは、友人で音楽家のカール・ホルツであったらしい。ベートーヴェンは、ホルツを気に入っていて、自分の伝記を書くのをまかせようと考えたこともあった。とすれば、ホルツの伝えることに真実性があるのかもしれない。しかし、ホルツがベートーヴェンから目をかけられるようになったのは、やっと一八二四年になってからである。そのホルツが、ベートーヴェンは若いころはフリーメーソンだったと伝えるのは、納得できかねるかもしれない。というのも、前述のようにウィーンでは、ヨーゼフ二世が一七九〇年に死去してから、フリーメーソンは弾圧されていたので、ベートーヴェンがそのようなことを口にしたかどうか、とも思えるからである。

ベートーヴェンののこされた作品をみても、ベートーヴェンがフリーメーソンのために、あるいはフリーメーソンから依頼されて書いたと考えられる曲は一つもない。この点は、フリーメーソンの会員だったモーツァルトとは大きく違っている。

流行現象としての風潮

とにかく、ベートーヴェンがボンにいたときには、フリーメーソンへの加入ということは、一種の流行ともいえる現象になっていた。そして、すでに一七八七年にはじめてウィーンの地を踏んだときにも、ウィーンでのフリーメーソンの流行にはベートーヴェンは気がついていただろう。ボン時代にベートーヴェンがフリーメーソンに加入していたという可能性は、充分にあるとされているが、それが事実ならば、この第一回ウィーン旅行、およびその後のブロイニング家で高めた知識などが、ベートーヴェンを加入に駆りたてたのではないだろうか。そうなってくると、ベートーヴェンがボンで一七九二年にシラーの「歓喜によす」に共鳴して作曲を企てたことも、すでにフリーメーソンの思想を抱いていたからではないかと考えられてくる。シラーは、この詩を一七八五年にドレスデンでフリーメーソンのために書いたのだった。そして、当時のドイツのフリーメーソンの会員たちは、この詩を自分たちの思想を歌ったものとして愛唱していたという。ベートーヴェンがこの詩を気に入っていたことも事実である。

いうまでもなく、このシラーの頌歌は、のちに第九交響曲に使われることになった。ベートーヴェンは、気に入っていたということだけで、この詩を第九交響曲の作曲のときにもちだしたのだろうか。この時期においても、フリーメーソンの自由・平等・博愛の精神が胸中にあった、とみるのは考えすぎだろうか。そして、そのシラーのフリーメーソンの思想が久しぶりに高唱されたとき、ベートーヴェンがごく自然に、自分は若いころはその会員だったとホルツに打ちあけるということも、ありうる。

とにかく、ベートーヴェンが自由・平等・博愛を求め、憧れていたことは、周知の通りである。それがベートーヴェンでは、あるいはカトリック的なものに基礎をおく教育と、ある程度は結びつくかもしれない。しかし、当時のボンの宮廷には、合理主義的な空気が濃く流れていたことを見逃すべきではない。実際、宮廷のオルガン奏者の時代に、ベートーヴェンは、カトリックの典礼文に親しむことになり、それからなんらかの影響も受けただろうが、このボン時代に典礼による本格的な宗教や教会の音楽を一曲も書かなかったし、選挙侯が礼拝や教会の音楽を積極的に求めなかったので、それでよかったのである。そのようなボンにいただけに、カトリックよりもむしろ合理主義や啓蒙主義に接近したのはごく自然だったし、ボン大学でフランス革命の講義をきいて、民主的な思想に共感するようになったのも当然だったといえる。ボンには自由な思想がみなぎっていたのである。

ベートーヴェンの宗教観

ベートーヴェンは、宗教について語るのを好まなかった。しかし、宗教や神についての本をいろいろと読んだ。エジプトやインドそのほかの宗教のことにも知識をもっていた。それだけに、ベートーヴェンは、神についても独得な思想をもっていた。教会には批判的であっても、神の存在は信じていた。そうしたベートーヴェンではあったが、その宗教感情は、若いころから不変だったというわけでなく、しばしば変動をみせていた。一八〇九年から翌年にかけてなどは、そうした一時期である。

ベートーヴェンが神への信念を固く抱いていることと、フリーメーソン的な思想をもっていたこととは、少しも矛盾しない。その時代には、牧師でフリーメーソンに加盟している人たちが、実は少くなかったのである。ベートーヴェンの神を扱った合唱曲は、ベートーヴェンの独自の宗教感情をこめたものではあるが、また同時に、フリーメーソン的な思想もほとんどつねにもっているといえないだろうか。

ただことわっておくが、ベートーヴェンが現実にフリーメーソンの会員だったとここで断定しているわけではない。しかし、フリーメーソンから頼まれて作曲した曲がないのは、この結社がモーツァルト時代とは世間との関係が違ってきたからともいえるし、ベートーヴェンがフリーメーソンに深い関連をもっていなかったと想像される面もあるわけである。このへんの事情も、今後のベートーヴェン研究の大きなポイントになるのではあるまいか。

第8話　イギリスへの夢――ニートとの交際をめぐって

一八一五年は、ヨーロッパで注目のまとであったウィーン会議の終わった年でもあった。ベートーヴェンにとっては、この年は、珍しく不毛の年になった。その理由としては、社会情勢、健康状態、耳疾などいろいろのことがあげられよう。

そうしたなかで、ウィーン会議の終わり近くの六月はじめに、ベートーヴェンは、ウィーンの商人で音楽愛好家でもあり、イギリスとも交渉をもっていたヨーハン・ヘーリングを通じて、イギリスのピアニストでチェロ奏者でもあり、また作曲もするチャールズ・ニートに紹介された。

ニートの履歴

ニートは、一七八四年三月二十八日にロンドンに生まれているので、ベートーヴェンよりもずっと年下のわけである。はじめは、父親の友人で後年に著名な音楽教師となったジェームズ・ウィンザーにピアノを学び、ジョン・フィールドに師事した。このフィールドがやがて夜想曲の創始者として、後世に名をのこすわけである。ニートは、フィールドよりも二歳年下だったので、間もなくフィールドと親しい友人となった。そして、ニートは、かねてからチェロに興味をもっていて、フィールドを誘い、二人でウィリアム・シャープについてチエロを勉強することにした。フィールドのピアノ曲の歌う旋律は、このチェロに親しんだことにも関係があるだろう。

それはともかく、フィールドは、ピアノの演奏家としてすでに一七九四年、十二歳のときにロンドンでデビューしているが、ニートのほうは、一八〇〇年に入ってから演奏界に進出してきた。ニートは、それからヴェルフルについて作曲も学びはじめた。ヴェルフルは、かつてウィーンでベートーヴェンとピアノ演奏の技を競った人である。このヴェルフルは、パリをへて、一八〇五年にロンドンに移ってきている。そして、ニートは、早くも一八〇八年に作品一として、ピアノのための八短調の《大ソナタ》を出版した。一八一三年には、ニートは、ロンドン・フィルハーモニー協会の設立者の一人となり、それ以後には、この協会の責任者となったほかに、演奏会のための企画をたて、それにしばしばピアニストおよび指揮者として出演もした。

交際のはじまり

一八一五年のはじめから一年ばかりの間、ニートはロンドンをはなれている。まずミュンヘンに三ヵ月滞在した。

ミュンヘンで、ニートは、ペーター・フォン・ヴィンターについて対位法を学んでいる。ヴィンターは、当時ミュンヘンの宮廷歌劇場の楽長をしていて、オペラの作曲家としても名をあげていた。ニートはそれからウィーンにでてきたのである。ニートがウィーンを訪れた最大の目的は、ベートーヴェンと会い、ベートーヴェンから教示を受けるということだった。そのためには、ニートは、ロンドンのフィルハーモニー協会の幹部をはじめとして、イギリスの有名な音楽家からの推薦状や紹介状も準備した。そして、ヘーリングを仲介者として、はじめて憧れのベートーヴェンに会うことになったのである。

ベートーヴェンは、このニートの申し出に対してつぎのように答えた（セイヤー＝フォーブスによる）。

私は教えることはできないが、私の先生のフェルスターに君を紹介しよう。そして、チェックを受けるために君は作品を私のところにもってきてもよい。私はそれを調べ、注意をしよう。

ベートーヴェンは、七月の終わりごろから十月中旬まで、デープリングに夏をすごすために移っている。ニートも、この同じ村に部屋をさがし、ベートーヴェンと散歩をともにしたりして、ベートーヴェンとの交際を深めていった。ニートは、ドイツ語を達者に話せたのである。ニートは、後年の一八六一年に、ベートーヴェンに関する資料の蒐集をしていたセイヤーにそのころの模様を回想して語ったが、その回想がこのベートーヴェン伝に収められていることはいうまでもない。それによると、ニートは、ベートーヴェンほどに自然を愛する人にはこれまで出会ったことがなかったとのことである。ベートーヴェンは、その当時イギリスにでかける考えを充分にもっていたが、結局は弟の死（十一月）と甥の面倒をみることから、その目的を果たすことができなかったとも記されている。こうしたベートーヴェンとの会話は、ニートがはっきりした声でベートーヴェンの左の耳に話せば理解されたので、おこなわれたのだという。

ニートを頼って

ニートは、ベートーヴェンの弟子でロンドンにいたリースの尽力もあって、ロンドンのフィルハーモニー協会から三曲の演奏会用序曲をベートーヴェンに作曲してもらうという提案を受け、それをベートーヴェンに申し込んだ。しかし、ベートーヴェンは、新曲の序曲を書く代りに、すでに作曲されていて、そのうちの二曲はすでに初演もされていた《アテネの廃墟》、《命名祝日》序曲、《シュテファン王》の草稿の写しをニートに与え、ニートから七十五ギニーを受けとったのだった。こうしたところにも、一八一五年のベートーヴェンの不毛の姿がみられるのである。しかし、それと同時に、このころにはベートーヴェンはフィルハーモニー協会の財力というものを、それほどに大きく評価していないで、むしろロンドンの良心的な出版商をさがし求めることで、収入の向上をはかりたい気持があったのだろう。実際に、少し前の一八一五年二月十八日に、この協会がベートーヴェンの第三交響曲を演奏したのち、協会は、ベートーヴェンに少くともこの曲と同等のすぐれた作品を書いてくれることを期待したのだったが、ベートーヴェンは、それを果たさなかったのである。

ベートーヴェンは、十月中旬にウィーンにもどり、ニートもウィーンに帰ってきて約四ヵ月ウィーンにいて、翌年の二月七日かその数日後にロンドンに出発した。この四ヵ月ばかりの間、ニートがベートーヴェンの周辺にいたことは当然だろうが、また音楽的な体験を深めるためにも活動していたようである。その当時フェルスターとサリエーリについて勉強していたヴァイオリニストのミハエル・フライの日記には、ニートのことがかなり克明に記されている。

一八一六年一月二十四日に、ベートーヴェンは、別れの迫ったニートのアルバムに「沈黙」と「雄弁」と題した二曲のカノンを書き、さらにドイツ語で、「わが愛するイギリスの同国人よ。沈黙と雄弁ということで、あなたの率直な友人ルートヴィヒ・ファン・ベートーヴェンを記憶しておいて下さい」と記した。ただし、ニートは、のちにこのアルバムを紛失してしまったのである。しかし、一八六一年にセイヤーに会ったときには、まだこのアルバムは保存されていて、セイヤーは、そのカノンと文章を書き写しておいたのだった。もっとも、ベートーヴェンは、これらのカノンを即興的に作曲したのではなくて、前年の十一月にすでにスケッチしていたのだった。

さらに、ベートーヴェンは、ニートにヴァイオリン協奏曲とそのピアノ協奏用の編曲、〝ニートに献呈〟と記した作品一〇二のチェロ・ソナタ、第七交響曲の総譜、《フィデリオ》の総譜、作品九五の弦楽四重奏曲などの手書きのものを渡した。これも、ニートを通じて、イギリスの出版社を開拓しようという意図があってのことである。そして、チェロ・ソナタ（結局はエルデーディ伯夫人に捧げられた）をニートに献呈しようとしたのも、イギリスで出版されれば、そうするという含みがあったのであろう。ニートがチェロを奏するということとからんでいたことはいうまでもない。

この二曲のチェロ・ソナタは、シュパンツィヒ四重奏団（ラズモフスキー四重奏団）のチェロ奏者のリンケとピアノの達者なエルデーディ伯夫人のために書かれたということになっている。リンケは、一八一五年初夏に、エルデーディ伯夫人とともに、ウィーンをはなれてイエトラーゼーの伯夫人の邸宅のほうにいってしまった。そして、リンケは、やがて伯夫人と婚約したともいわれている。ラズモフスキー伯邸が一四年の暮に焼失したので、四重奏団が活動しないでいた時期である。しかし、ベートーヴェンとしては、この二人のためということと同時に、ニートのためということも作曲当時には念頭にあったのではないか。草稿に記入された日時（第一曲は七月末、第二曲は八月はじめ）をみても、ベートーヴェンとニートが交際していた時期に当っている。

冷淡な英国人

ニートは、ベートーヴェンから受けとった楽譜をロンドンにとにかく持ち帰った。ところが、ロンドンのフィルハーモニー協会は、ベートーヴェンと必ずしも良好な関係を維持していたのではなくて、むしろ好意的ではなくなっていた。ニートは、ロンドンにもどって、すぐにこのことを発見した。これは、ベートーヴェンが新作をよこさないということに大きく関係していたようである。加えて協会は、当時のロンドンの有力な音楽関係者をメンバーにしていたので、ニートとしては、ベートーヴェンの期待にこたえる仕事がやりにくかった。それでも、ロバート・バーチャルという出版商を説得して、三曲の序曲を出版させようとした。しかし、この三曲がロンドンの演奏会で不評だったこともあって、バーチャルは、「たとえそれらの曲をプレゼントとしてくれたとしても、私は出版したくない」といって、ことわってしまったのである。

さらに、ニートは、ロンドンにもどってからほどなくして、恋愛をした。このことも、ベートーヴェンにとっては悪い事情となって反映した。恋愛の相手は、キャサリン・メリー・カズナヴといって、ユグノー教徒の一族の娘だった。そして彼女の家族のものたちは、専門の音楽家、とくに公衆の前で演奏することを職業とする人との結婚に強く反対したのである。こうしたことで、ニートは、ベートーヴェンの期待にそった仕事をするどころではなかったのである。そして、ニートは、彼女の両親の同意がなければ結婚は成立しないと宣言し、もめたあげくに(多分)一八一六年十月二日にやっと結婚式をあげたのだった。

ニートばかりに責任があるのではなくて、そのころの英国人は、ベートーヴェンに対しては概して冷淡だった。たとえば、一八一四年春、ジョージ摂政に献呈するためにベートーヴェンが送った《ウェリントンの勝利》の写譜に対して、肝心の摂政は、それについて黙殺してしまい、ベートーヴェンを立腹させている。リースは、ロンドンに定住してから、ベートーヴェンの音楽を理解させ、ベートーヴェンのために有利な事態をつくりだそうとしたが、なかなか報いられなかった。そして今度は、ニートがやはりそうしたベートーヴェンに対するロンドンの冷たさを味わわなければならなかったのである。しかも、ニートは、ウィーンを出発してから、自分の結婚のときまでに、ベートーヴェンにはただ一回だけしか手紙をだしていない。ベートーヴェンのほうは、ニートに何回か手紙をだしている。一八一六年五月十八日のベートーヴェンの手紙は、つぎのような文章ではじまってさえいるのである。

親愛なるニート君、リース氏の手紙から、私はあなたがロンドンに無事到着したことを知りました。私は、それをたいへんに喜んでいます。しかし、そのことを私があなた自身から知ったら、もっとずっと喜んだでしょう。……

ベートーヴェンは、ニートの誠意のなさに立腹し、リースをせきたてたが、なかなか思うようにゆかないので、今度は、ジョージ・スマート卿に手紙をだし、ニートに渡した作品のことと、ニートの怠慢のことについて説明を求めた。スマート卿は、フィルハーモニー協会の有力幹部で、ベートーヴェンの作品に早くも理解を示し、そのいくつかを指揮してもいた。この手紙のなかでも、ベートーヴェンは、摂政とニートのことを、イギリス国民の一般的性格からすれば、きわめてまれな例外的人物だときめつけている。

スマート卿は、新婚生活に入ったばかりのニートにこの手紙をみせ、とにかくベートーヴェンに便りをするようにすすめた。こうして、十月二十九日に、ニートは、ベートーヴェンに長文の手紙を書き、そのなかで無音《ぶいん》を弁解してわび、これから全力を尽すことを約束した。しかしベートーヴェンは、もう信用せず、怒りをましただけだった。そして、一八一七年五月十九日のニートに宛てた手紙で、ベートーヴェンの怒りは頂点に達し、「君は私のために何もしてくれなかったし、今後も何もしてくれないだろう。何も、何もしてくれない。……」と記したのである。

それにもかかわらずベートーヴェンとニートとの交際は、これで終止符が打たれたのではなかった。その後も、二人の間の文通は、一八二五年までつづいたのである。これは、ベートーヴェンの名声がロンドンでも一段と高まり、ベートーヴェンの作品をロンドンで演奏したいとか作品を出版したいという申し出が激増してきたからであった。そのなかには、フィルハーモニー協会も含まれていた。そして、ニートは、またも直接に新しい交響曲と弦楽四重奏曲の楽譜を提供してくれることを申し込んだ。

渡英計画中止

その一方で、ニートは、一八二四年にフィルハーモニー協会がベートーヴェンをロンドンに招待する計画をたてていると伝えた。ベートーヴェンがこのプランに乗気になったのは周知の通りである。そして、シントラーを連れてゆくことにし、ホテルも予約された。この渡英には、第九交響曲のロンドン初演に立ち合うということも関係していたし、ロンドンで大きな収益をあげられるという希望も絡んでいた。そして、ベートーヴェンのこの旅行については、側近の人たちの間で、反対と賛成に分れた。しかし、自分の健康と甥の教育などを考えて、なかなか決断がつかず、結局一八二五年三月十九日にやっと、「別のときに――おそらく年末――に訪問したい」とニートに手紙をだしたのだった。それから二日後の二十一日に、ロンドンではじめて第九交響曲が演奏された。指揮は、ニートではなくてスマート卿だった。スマート卿は、その後の二五年九月にウィーンにきて、ベートーヴェンに会い、ベートーヴェンからあらためて第九交響曲の解釈についていくつかの教示をえた。

とにかく、このイギリス訪問に関しては、ベートーヴェンは、実はリースに相談し、便宜をはかってもらいたいところだったのだろう。しかし、リースは、二四年にロンドンをはなれ、ボンの近くに移ってしまっていた。そこで、ベートーヴェンは、必然的にニートを正面の交渉の窓口にしたのだった。そして、訪英中止になったあとも、ベートーヴェンは、四重奏曲の楽譜をイギリスの出版社に売る考えをみせ、ニートとの手紙のやりとりをしている。ベートーヴェンが自分の病気と甥のことで、いかに金を欲しがっていたかがうかがえるのである。

ニートのほうは、ロンドンに帰ってから、指揮とピアノで名をあげたばかりでなく、室内楽の集いをつくって、その方面でも有名になった。作曲ではそれに対して芳しい名声をえなかった。ただ、一八五五年に弟子たちのために出版した、「主として表情に関しての、同時にピアノ演奏についてのある一般的な考察もかねた、運指法についてのエッセイ」は評判がよかった。これには、譜例が多く含まれているが、その大半はベートーヴェンのピアノ曲からとられ、それにメンデルスゾーンとモーツァルトのものがみられる。

ニートの功績

ベートーヴェンは、ニートには作品を献呈したことがなかった。ただ、そのアルバムに二曲のカノンを書きとどめただけである。ニートも、メンデルスゾーンやヴィクトリア女王には作品を捧げていながら、ベートーヴェンには作品を献じていない。ベートーヴェンとしては、予期していたようにニートが自分のために働いてくれたなら、作品を献呈するつもりでいたのだろう。その一番よい証拠が作品一〇二のチェロ・ソナタであった。

それにしても、一八一五年以来、ベートーヴェンのロンドンへの関心が高まってきたのは事実である。ベートーヴェンは、ロンドンで自分の作品の販路の新境地を開拓しようとしたと同時に、ロンドンにはヘンデルやハイドン、あるいはモーツァルトもでかけていることから、何となく親しみと憧れのような感情を抱き、ロンドンにでかければ、もっと条件のよい生活が送れるのではないかと考えていたのだった。それに加えて、ベートーヴェンは、本質的にイギリス人が嫌いではなかった。このことは、ベートーヴェンがイギリス人に宛てたいくつかの手紙から知ることができる。

ところで、ニートは、一八七七年三月三十日に世を去った。九十三歳という長寿をまっとうしたわけである。その間には、ベートーヴェンのピアノ協奏曲第五番のロンドン初演もしたし、ウェーバーのピアノ小協奏曲をはじめてロンドンに紹介もした。なかでも、ベートーヴェンのピアノ協奏曲第五番は、ウィーンでの初演後には、ベートーヴェン自身もとりあげなかったようだし、ベートーヴェンの存命中にはウィーンでは演奏されたことがなかったらしい。それをニートがロンドンで演奏したというのだから、ニートのベートーヴェンに対する熱というものを想像できる。

それにしても、ニートは、筆不精でもあり、事務的な交渉には向かない人間だったのではないだろうか。ニートがベートーヴェンの生涯で関係した面は決して大きくはなかった。しかし、ニートに事務的な才能があれば、ベートーヴェンの生涯が大きく変化したかもしれなかったのである。

第9話　あるパトロンの末路──ラズモフスキー伯爵の場合

ベートーヴェンは、作品五九の三曲の弦楽四重奏曲と第五交響曲と第六交響曲とをラズモフスキー伯に献呈している。ベートーヴェンの作品系列からみれば、創作中期のきわめて重要な地位にある作品がこの伯爵に捧げられたわけである。もっとも、二曲の交響曲は、ロプコーヴィッツ侯と連名で献呈されているし、四重奏曲は、作曲を依頼されたので捧げられることになったわけである。ただし、この四重奏曲の作曲依頼を伯爵がいつしたのか正確には知られていない。セイヤー＝フォーブスのベートーヴェン伝では、明確な証拠をあげることなしに、一八〇五年末に依頼したと簡単に記されている。大体に、この四重奏曲の作曲を本格的に開始したのが一八〇六年五月二十六日であることが知られているので、これを規準として、依頼は前年末だと推定したのであろう。

華麗なる経歴

このアンドレイ・キリロヴィチ・ラズモフスキー伯は、一七五二年にロシアのペテルブルクで生まれ、一八三六年にウィーンで死去した人である。しかし、父親はウクライナの出身であった。

ウクライナにラムズという名で呼ばれていた二人の兄弟がいた。二人とも健康的であり、容姿も立派だった。二人は、やがてロシアの宮廷に仕え、のちに女帝となった王女エリザヴエータとエカチェリーナ二世の寵を受け、そのために貴族に列せられたのだった。その上、こうしたことから、二人は貴族の令嬢と結婚した。兄は一七〇九年生まれで、弟は一七二八年生まれであり、ともにコサックの血を受けていた。このようにして、二人は、勢力をのばし、財をつくっていった。しかし、容姿と人格のために、周囲から嫌われたり、ねたまれたりすることはなかったようである。

この弟のほうの四番目の息子がのちにベートーヴェンと交際するようになったラズモフスキー伯である。伯は、当時としては実行できる最良の教育を受け、海軍に入り、すぐに士官に昇進した。そして、二十五歳のときに外交官に転じた。この一七七七年から七九年まで、ウィーンのロシア大使館の書記官をつとめたわけだが、このときからウィーンの社交界進出の基礎をつくりはじめた。それから、ヴェネツィア、ナポリ、コペンハーゲン、ストックホルムの駐在公使や大使を歴任した。そのころには、ロシア屈指の名門の出身である上に、立派な教育も受けていて頭のきれる才子であり、またハンサムでもあったし、さらに父と伯父の莫大な遺産を相続したため、ヨーロッパでも指折りの裕福な貴族になっていたので、どこでも社交界の寵児といった存在だった。

この伯爵は、一七八八年十一月四日にカール・リヒノフスキー侯夫人の姉で、トゥン伯爵家のエリーザベトとウィーンで結婚した。この結婚も、伯爵のウィーンでの社交界の地位を一段と固めるのに役立った。そして、一七九二年（一説では一七九〇年か九四年ごろ）から九九年まで、ウィーン駐在のロシア大使に就任した。この時代には、外交官としても敏腕をふるい、ポーランドの第二・第三次の分割の陰の立て役者にもなった。しかし、こうした才気ぶりと、ウィーンの宮廷に接近することが邪推され、ときのロシア皇帝パーヴェル一世に睨まれ、解任されてしまったのである。

それから伯は、ローマやナポリを中心にイタリアで生活をしていたが、パーヴェル一世が一八〇一年春にクーデターのために殺害され、アレクサンドル一世が即位することになって、一八〇一年十月にふたたびウィーンの大使に任命され、一八〇八年（一説では一八〇七年）までその地位についていた。この間の一八〇六年に、伯は、ウィーンに宏壮な邸宅をつくり、豊富な蔵書と美術の蒐集品にかこまれて、王侯のような生活をはじめ、ウィーンの人たちをおどろかせもした。

大使を辞任してからは、自由人として相変わらずぜいたくな生活をつづけていたが、ナポレオンの退位に伴う一八一四年から翌年にかけてのウィーン会議では、伯は、ロシア側の主要な代表者に選ばれた。この会議には、アレクサンドル一世も出席した。そして、この皇帝を補助しての活躍が認められて、伯は公爵に昇進したのだった。ラズモフスキー伯がいかに手腕をふるったかは、早くも会議の最初の週に、伯の邸宅に各国の高官が数多く招かれたり訪れたりしていた事実からも知られよう。

このラズモフスキー伯は、美術を愛好し、音楽を熱愛した。そして、ヴァイオリンもかなり達者に演奏できたし、その蒐集した美術品は、ヨーロッパでも有名になっていた。また、それだけに、音楽家や美術家の保護者をもって自任もしていた。そして、ハイドンに理論を学んだこともあるといわれ、ハイドンの弦楽四重奏曲を仲間と好んで演奏し、自分からは第二ヴァイオリンを担当しながらも、曲の解釈にはなかなかやかましかったようである。さらに、この伯爵は、モーツァルトと交際したりもした。こうしたわけなので、ウィーン駐在ロシア大使時代に、ベートーヴェンに接近しようと考えたのも、当然すぎるくらいのことだった。

交際のはじまり

しかし、伯がベートーヴェンとどのようにして親しくなり、一八〇六年末までに二人がどの程度の交際をしていたのかは、具体的に詳しくは知られていないのである。ただ、ベートーヴェンとの最初の因縁は、一七九五年のことであるらしい。当時二十五歳のベートーヴェンは、ウィーンでそろそろ名声をあげはじめていて、作品一の三曲のピアノ三重奏曲の楽譜を出版したばかりだった。この三重奏曲の楽譜の予約購入者のリストのなかに、ラズモフスキー伯の名がみられるのである。その翌年ごろには、伯の邸内で作品一を含む作品が実際に練習されていたという。この一七九六年ごろに、すでにベートーヴェンは、ラズモフスキー伯と知り合っていたらしいともいわれている（ベートーヴェン研究家のノールの調査による）。ただし、このノールの調査は、八十一歳の老婆が十五歳前後のときのことを回想したものによるので、年代を必ずしも信用していいのかどうか疑問である。しかし、この回想でも、ベートーヴェンがロシア大使館の秘書官宅を一八〇〇年以前にしばしば訪問していたのは事実らしい。これも、意地悪く考えれば、ラズモフスキー伯との交際に結びつけられないわけで、秘書官とベートーヴェンだけの交際だったのかもしれない。ただ、この秘書官は、ベートーヴェンのことを「ウィーンの新星だ」と伯に語っていたという。そしてさらに、ベートーヴェンは、一八〇三年に作品三〇の三曲のヴァイオリン・ソナタをロシア皇帝のアレクサンドル一世に献呈しているが、この献呈のいきさつについては不明であるものの（皇帝がベートーヴェンに高価なダイヤモンドの指環を贈ることにしたからだともいわれているが、これも事実不詳である）、この秘書官宅訪問が献呈と関係があったのではないか、あるいはラズモフスキー伯との交際が絡んでいるのではないかとも考えられる。とすれば、前記の老婆の回想した年代は、クーデターの一八〇一年以後のことではないだろうか。このときのロシアの皇后がバーデン公の娘であって、そのため皇帝もベートーヴェンの名を知っていたことは充分に想像できよう。ヴァイオリン・ソナタの献呈は、このような経過をもって、皇帝の即位三周年記念としてロシアの宮廷から依頼され、ロシア大使館を通じてベートーヴェンに伝えられたという推理も可能である。

カルテットの依頼

さて、ラズモフスキー伯は、一八〇三年五月二十四日のブリッジタワーをヴァイオリン奏者とし、ベートーヴェンがピアノを担当したアウガルテンの演奏会の切符を五枚買い求めている。このときに、のちに《クロイツェル・ソナタ》という名で呼ばれるようになったヴァイオリン・ソナタが初演されたことはいうまでもない。

とにかく、このようにして、伯は次第にベートーヴェンとの交友を深めようとしたらしい。その結果として、弦楽四重奏曲の依頼にまでこぎつけたのだった。伯は、この種の音楽がもっとも好きだったのである。ベートーヴェンがこの《ラズモフスキー四重奏曲》の全三曲を完成したのは一八〇六年末とされていて、一八〇八年一月にその楽譜は出版された。

楽譜が出版されると、必然的にラズモフスキー伯は、その楽譜を贈られたわけである。ところが、この楽譜をみて、伯は、これまで自分から楽しんでいたのとは別の、専門的な弦楽四重奏団を組織しようと考えたらしい。そして、一八〇八年夏から秋にかけてのころに、当時弦楽四重奏のヴァイオリンでは第一人者とされているイグナーツ・シュパンツィヒを第一ヴァイオリンとする四重奏団の人選を完了した。これは、シュパンツィヒの意見によって決められたものだったが、第二ヴァイオリンには原則として伯自身を割り当てていた（伯が演奏できない事情のときには、マイゼーダーが交替した）。ヴィオラは、かつてリヒノフスキー侯邸での金曜日の音楽の集いのときに、シュパンツィヒと弦楽四重奏団を組織していたフランツ・ヴァイスが選ばれた。チェロには、名手として評判のヨーゼフ・リンケが採用された。リンケは、ブレスラウの方面にいて、この六月にウィーンにもどってきたので、そのウィーン到着を待ったために、ラズモフスキー家の四重奏団の発足がおくれることにもなったのだった。この四重奏団は、ベートーヴェンの四重奏曲を演奏することを主要目的としていて、その緻密なアンサンブルとすぐれた解釈で、ヨーロッパでの屈指の室内楽団になったのだった。こうしたことも原因して、一八〇九年に出版された第五交響曲と第六交響曲は、ロプコーヴィッツ侯と並んでラズモフスキー伯も献呈される側に名をつらねることになったのである。もっとも、侯と伯とは、義理の親類の関係にあった。

ラズモフスキー伯は、おそくとも一八〇六年以後に、ベートーヴェンに音楽理論と弦楽四重奏曲の作曲法を指導してほしいと頼んでいる。ベートーヴェンは、これをことわり、教師としての手腕を高く買っている先輩のフェルスターを推薦したのだった。フェルスターの息子の伝えるところによると、伯は、伯爵専用の馬車をこの先生の送り迎えのために使用したという。また、正確な日時は不明だが、ベートーヴェンは、ラズモフスキー伯とともにプラハにでかけたこともあるらしい。一八一一年には、伯は、ベートーヴェンの滞在するボヘミアのテープリッツにやはり保養にでかけている。しかし、こうしたことで、ベートーヴェンとどのような会話がなされたのかは伝えられていない。

一八〇九年前後に、ベートーヴェンのカッセル赴任の希望とベートーヴェンをウィーンにとどめておこうとする人たちの運動とが絡んで、ウィーン在住の貴族からの年金問題がおこってくる。そのときのベートーヴェンの案では、ラズモフスキー伯は、ロシアの貴族だから、年金には関係しないとなっている。これは、いかにもベートーヴェンらしい考え方である。

栄華から没落へ

ところで、ウィーン会議でラズモフスキー伯がロシア側にとってめざましい活躍をしたことは、前にも少しふれた。ベートーヴェンは、このときには、ウィーンの名士扱いにされて、各国の代表者たちから面会をせがまれたり、招待されたり、記念品の贈与の話をもちこまれたりした。そのなかで、ラズモフスキー伯は、列国の君主や代表者たちがベートーヴェンに対してどのような敬意を抱いているのかを直接知らせるために、彼らの集うルードルフ大公の広間にベートーヴェンを連れていった。彼らのなかでは、ロシア皇后がとくにベートーヴェンに対して賞讃を惜しまなかった。ベートーヴェンは、同席した医師のベルトリーニ博士の進言に従って、ポロネーズ作品八九を書き、皇后に献呈することにした。皇后は、おそらくラズモフスキー伯にすすめられて、私的にその作品のことでベートーヴェンに会ったらしく、結局この献呈を受けいれて、ベートーヴェンに五十ドゥカートを下賜した。それから彼女は、かつてベートーヴェンが献呈した作品三〇のヴァイオリン・ソナタのことを皇帝がまだおぼえていると話し、あらためてベートーヴェンに百ドゥカートを与えたのだった。これは、一八一四年が終わってからのことであろう。というのも、その年の暮にラズモフスキー邸で大事件が発生したからである。

ラズモフスキー伯は、ロシア皇帝祝賀のための大パーティを自邸で開催することとし、そのために木造の大きな宴会場をつくった。そして、十二月三十日の夕方に七百人の客を招待した。ところが翌三十一日の朝五時から六時の間に、火災が発生し（暖房の欠陥が原因らしい）、火は本邸にまでのび、昼ごろまで燃えつづけたのである。幸いにして邸宅の全焼はまぬがれたものの、蔵書と美術品の大部分を焼失してしまった。皇帝は、その復興を援助するために、秘書のヴォロンスキー公を派遣し、とりあえず必要な費用を一時的に支払うようにさせた。しかし、被災額があまりに莫大であったため、ラズモフスキー伯は、再建のために借金を重ねることにもなった。そして、ついに宅地も手ばなしてしまったのである。お抱えの四重奏団も、次第に演奏する機会がなくなり、一八一六年二月十一日に告別演奏会を開いて解散させられた。伯自身も、そのころには、これまでのような見栄ばった音楽への興味を失ってしまっていたようである。それに、はじめの夫人と一八〇六年に死別し、この一八一六年二月十日にテュールハイム伯家のコンスタンツェと再婚していることも、なんらかの意味で音楽から遠ざかる原因になったものらしい。

結局のところ、ラズモフスキー伯は、再婚後も散財をつづけ、ついに財政的に再建できなくなってしまった。一八一八年に伯に会ったモント男爵夫人は、「老けていて淋しそうだった」とその様子を伝えている。そして、伯は、晩年にはかなり経済的に苦しくなって、ロシア政府からも、いろいろな機会に援助を受けるような事態にまでなっていたという。とにかく、伯とベートーヴェンとの直接的な交際は、一八一五年のはじめで、終末を告げたもののようである。

なお、四重奏団のシュパンツィヒは、解散後にもしばらくウィーンにとどまっていて、それからロシアに向った。ロシアでの生活は詳しく知られていないが、一八二三年にウィーンにもどり、ヴァイスやリンケらとともに四重奏団を再組織し、ベートーヴェンの晩年の四重奏曲の創作と演奏に関連をもってくるようになる。

「ロシア主題」

ベートーヴェンは、このラズモフスキー伯のために書いた三曲の弦楽四重奏曲のなかで、周知のように、第一番の終楽章と、第二番の第三楽章の中間部の主題に対して、とくに「ロシア主題」と記した。ベートーヴェンがこれらのロシア主題をどこから採用したかについて確実なことはわからないが、どうやらヨーハン・ゴットフリート・プラッチュ（ロシア式にはイヴァン・プラッチェ）がペテルブルクで刊行したロシア民謡集をベートーヴェンが持っていたらしい。そして、この民謡集には、事実、この二種の主題の原型のようなものが含まれている。この民謡集の初版は一七九〇年にでて、増補第二版は、ちょうど一八〇六年にあらわれている。そして、さらにベートーヴェンはやはりこの民謡集に含まれている民謡をのちに利用してもいるのである。それは、一八一五年から一八年にかけての《諸国民の歌》のなかの三曲のロシアの歌でみられる。

弦楽四重奏曲については、「ベートーヴェンは、どの曲にもロシアの旋律を絡み合わせることを約束した」とベートーヴェンの弟子のチェルニーが述べているように、ベートーヴェンはロシア的な性格を盛りこもうとしたわけである。しかしプラッチュの記譜を完全に採用いのではなかった。ベートーヴェンは、それを忠実に主題として再現したわけではない。たとえば、第二番の第三楽章の「ロシア主題」は、アレグレットで、十六分音符をもっていないが、プラッチュのものでは、アンダンテで十六分音符と八分音符とをもつ。したがって、プラッチュのものとベートーヴェンのものとでは、進行型では似ていても、リズムが異なる。なお、このロシア民謡は、元来は讃歌の一種であり、皇帝と神と国をたたえる歌詞をもっている。とくにクリスマスのときに多く歌われてもいた。ベートーヴェンがそのことを知っていたかどうかはわからない。しかしロシアでは、もちろん私的な会合や公的な集会のときも歌われていた。そして、のちのリムスキー＝コルサコフは、そのオペラ《皇帝の花嫁》やカンタータ《讃歌》でこの旋律を用い、ムソルグスキーは、オペラ《ボリス・ゴドゥノフ》の戴冠の場面でもこれを使ったのである。

第一番の終楽章の「ロシア主題」は、ベートーヴェンではアレグロになっていて、プラッチュではモルト・アンダンテで、両者ではスラーとスタッカートの使い方が違う。この民謡は、《兵士の帰還》という題名でも知られていたもので、兵士が故郷に帰ったときに、自分の悲しい運命と自由への意志を母との問答の形で歌ったものである。リムスキー＝コルサコフの作品二四の《百曲のロシア民謡集》のなかにも、アンダンテのテンポで収録されている。このような歌詞をもつものと知っていれば、ベートーヴェンは、ラズモフスキー伯のための曲にその旋律を使うことをしなかったのではないだろうか。ベートーヴェンにとっては、ロシア民謡では旋律だけが大切だったのであろう。

それにしても、十八世紀末から、西欧でロシアの旋律を採用した作品があらわれはじめてきている。たとえば、フランツ・アダム・ファイヒトナーは、一七七一年に《ロシア交響曲》を発表したし、一七八三年にはフランクフルトでイギリスのヴァイオリン奏者のフィッシャーによる《ロシアとタタールの旋律をもつ大交響曲》が演奏されたほかに、ロシアの民謡を主題としたピアノ曲なども続々とあらわれてきている。これは、ロシア音楽に対する西欧側の関心の高まりを意味すると同時に、そうした民謡の使用が流行のようになったことを示す。そして、ベートーヴェンも、ラズモフスキー伯からの依頼を機会に、そのような風潮に便乗したという面がないでもない。

一八二〇年をすぎると、このような傾向は、ウィーン会議後の国際的な交流のためもあったのか、ウィーンでは以前ほどに目立たなくなった。ロシアのガリツィン侯のために書いた晩年の作品一二七、一三〇、一三二の三曲の四重奏曲では、ベートーヴェンは、「ロシア主題」と銘うったものをもはやおかなくなってきているのである。とにかく、ベートーヴェンは、ラズモフスキー伯によって、ロシア民謡に一時的にせよ、関心を向けるようになったわけである。

第10話　オペラのライヴァル——同時代人ウェーバー

ベートーヴェンは、晩年の第九交響曲の終楽章でシラーの頌歌「歓喜によす」を歌詞に用いているが、それよりずっと前のすでにボン時代に、早くもこの頌歌に音楽をつけようとしていた。しかし、現実的にはのこされなかった。シューベルトは、一八一五年にこの詩による歌曲を書いている。ところが、ウェーバーもこの詩を用いて、管弦楽と合唱によるカンタータふうの作品をつくろうと企画をたてている。

ウェーバー登場

ウェーバーは、一八一一年二月に、安定した地位をうるためにミュンヘンに向った。ミュンヘンでは予想した以上に職をみつけるのがむずかしかったが、この旅行の途中にバンベルクでE・T・A・ホフマンに会ったことは、ウェーバーにとって大きなプラスだった。そして、ホフマンに面会したことと、ミュンヘンの新鮮な音楽的な雰囲気にふれたことが刺激になり、ウェーバーは、いろいろと作曲のプランをたてた。そのなかに、シラーの頌歌によるカンタータふうのものが含まれていたのである。ウェーバーは、この計画を一八一一年六月二十七日の手紙で、出版者のジムロックに提案している。しかし、これは、結局書きあげられなかった。

このウェーバーは、八月にミュンヘンを出発して、スイスにでかけている。その途中のシャッフハウゼンでは、八月二十三日に規模の大きな音楽祭がはじまっていて、ウェーバーは、そこでベートーヴェンの作品では、交響曲第一番をきいている。もっとも、ウェーバーは、それ以前からベートーヴェンの交響曲には、しばしば接してきていた。

ウェーバーは、スイスからミュンヘンにもどってのち、今度はライプツィヒ、ワイマール、ドレスデン、ベルリンなどにでかけ、やっと一八一三年にプラハの歌劇場の指揮者に就任することができた。この一八一二年に半年ほど滞在したベルリンでは、アマーリエ・ゼーバルトという歌手に会っている。この女性には、ベートーヴェンはすでに一七九六年のベルリン旅行の折に会っているともされているが、実質的には一八一一年にテープリッツに避暑にでかけたときに親しくなったのだった。

ベートーヴェンを魅了したこの女声歌手には、ウェーバーもかなり魅力を感じたものらしい。そして、ウェーバーは、その後数年間、ゼーバルトと交友を重ねた。しかし、ウェーバーからの手紙は、二通だけしかのこっていない。この二通の書簡で、ウェーバーは、価値あるオペラの芸術に無関心でいるプラハの聴衆の冷淡さを嘆いている。実際に、この手紙にあるような体験を何回も味わった。ウェーバーが高く評価していたベートーヴェンの《フィデリオ》を、最高度の芸術的な良心をもって充分に検討して上演したにもかかわらず、ウェーバーの後味は、たいへんに悪かった。

《フィデリオ》に影響されて

ウェーバーは、一八一三年三月に、優秀な楽員や歌手をさがすためにウィーンにでかけている。しかし、このときには、ウェーバーは、ベートーヴェンと親しい関係をもつことができなかったようである。ベートーヴェンのほうは、やがて六月のヴィットリアの戦いでのウエリントン将軍の勝利のニュースで、《ウェリントンの勝利》を作曲し、大成功をし、《レオノーレ》(《フィデリオ》)の再度の改訂に乗りだすわけで、この改訂版を、一四年五月二十三日にウィーンで初演し、大きな拍手を浴びたのだった。一方、ウェーバーは一三年四月末にプラハにもどって、八月から本格的にプラハの歌劇場のために、自分の計画と信念にもとづいて働きだしている。そして、ウィーンでの《フィデリオ》が十六回も上演されるほど成功しているということを知り、一四年十一月二十七日(二十一日とか二十四日とかの説もある)に、それをプラハにはじめて紹介したのだった。ウェーバーは、その上演のために、舞台のプローベだけでも十六回もおこなうというほどの熱の入れ方で、芸術的に密度の高い上演をしようと張り切ったのだった。しかし、聴衆から強い支持を受けず、このオペラは、プラハでは翌一五年二月末までに、わずか四回の再演をみただけだった。

しかし、《フィデリオ》に真剣にとりくんだことから、ウェーバーは、ベートーヴェンにこれまで以上の強い崇拝の念を抱くようになったのは事実である。ウェーバーは、一八一六年九月三日までプラハの歌劇場の指揮者の地位にとどまっていたが、この一六年三月の劇場慈善公演のためにあえて《フィデリオ》を選んだほどだった。ウェーバーの息子マックス・マリアによれば、そのためにこのオペラをウェーバーはまる一ヵ月研究したという。それと同時にウェーバーは、ベートーヴェンにライヴァル意識ももっていたようで、一八一五年六月にミュンヘンでワーテルローの戦いでの連合軍の勝利を知り、ベートーヴェンの《ウェリントンの勝利》の向こうを張って、カンタータ《戦争と勝利》を作曲しはじめたのだった（十二月にプラハで完成し、初演も大成功）。しかもウェーバーは、この曲でベートーヴェンと同じように、英国国歌を活用しているのである。ただし、ベートーヴェンの曲の楽譜は、一八一六年二月にはじめて出版されているので、ウェーバーはカンタータを作曲していたときには、この楽譜をみることはできなかった。しかし、ウェーバーがそれまでにこの曲の噂を耳にしていたことは事実だろう。

ベートーヴェン礼讃

さらに、《ウェリントンの勝利》の楽譜が出版されると、一八一六年四月に二回もこの曲をプラハに紹介しているという点は興味深い。その一回目は、四月六日のウェーバーのオーケストラのコンサートマスター、フランツ・クレメントの指揮によるもので、第二回目は、四月十四日のウェーバー自身の指揮によるものであった。クレメントは、ベートーヴェンと親しい関係にあり、その《ヴァイオリン協奏曲》を作曲させる直接的な機縁となった人物でもあり、この協奏曲をウィーンで初演した人でもある。そして、ウェーバーに説得されて、一八一三年からこのオーケストラに加わったのだった。ウェーバーは、自作のカンタータの大成功に伴い、ベートーヴェンの作品がプラハ市民たちに受けいれられるかどうかを試みたのであろう。ウェーバー自身の手紙によれば、このベートーヴェンの作品の演奏は、二回とも期待外れのものだったという。そして、ウィーンからきたフンメルもこの演奏に接し、プラハの聴衆の反応が大きくはなかったことを伝えている。実は、プラハでは、ナポレオン軍の敗北に関しては、ウィーンの市民のように熱狂的ではなかったのである。

それではなぜウェーバーのカンタータがプラハで成功したかというと、ウェーバーは、これまで戦争を扱った作品をいくつか書いたという経験をもっているのと、名前をプラハではすでに広く知られていたということと、さらに演奏のために大きな事前宣伝を積極的におこなったからである。たとえば、早くも一八一五年秋に、プラハの新聞にこの作品についての予備知識を与えるような記事を書いたりした。

そのようなベートーヴェンへの対抗意識はあっても、批評家としてのウェーバーは、ほとんどつねにベートーヴェンの芸術を肯定する立場をとり、ベートーヴェンの作品自体を高く評価していた。《ウェリントンの勝利》についても、「明らかに偉大な天才的な筆致があり、本当の勝利の歓喜が支配していて、英国国歌は最高度に独特な、力強い方法で導入され、伴奏されている」と記している。また、《合唱幻想曲》については、「精神的に豊かな作品であり、美しい楽想と設計のゆきとどいた作品だ」と述べ、「その構成は、最後のところで合唱の歌詞によってはじめて完全に理解される」と述べている。しかし、ウェーバーは、まだベートーヴェンに会う機会をもっていない。ベートーヴェンの側からすれば、ウェーバーの存在は、まだほとんど無視されていた。

《魔弾の射手》と《オイリュアンテ》

ウェーバーがベートーヴェンに接近しはじめるのは、《魔弾の射手》を一八二一年六月にベルリンで初演してからである。ウェーバーは、一八一七年一月以来、ドレスデンの宮廷歌劇場の指揮者に就任していた。そして、この長年プランをあたためていた《魔弾の射手》では、たしかに多くの点で《フィデリオ》からの影響をみせている。しかし、それはそれとして、《魔弾の射手》の評判が伝えられると、ベートーヴェンも、それに無関心ではなくなった。ウィーンでは、このオペラは、一八二一年十月三日にはじめて紹介され、異常ともいえる成功を記録した。

そして、ウェーバーは、その結果ウィーンの劇場のためにオペラ《オイリュアンテ》を書くことになり、一二二年二月十日から六週間ほどをウィーンですごした。しかし、今回もベートーヴェンとは会えなかった。ベートーヴェンのほうは、《ミサ・ソレムニス》に余念がなかったのである。それでも、ベートーヴェンは、《魔弾の射手》のスコアには目を通していたという。ウェーバーは、このウィーン滞在中に、レオノーレ歌手として著名なシュレーダー＝ドゥヴリアンと知り合い、彼女をドレスデンに連れていって、《フィデリオ》を上演する計画をたてた。

こうして、ドレスデンにもどってから《フィデリオ》の上演権と写譜のスコアを借りることについて、ウェーバーとベートーヴェンとの間に手紙の交換がはじまった。一八二三年一月二十八日、二月十八日、四月七日、六月五日の五回にわたってベートーヴェンに手紙をだし、ベートーヴェンは、四月九日と六月九日にその返事をだした。しかし、最初のウェーバーの手紙のスケッチがのこっているだけで、これらの書簡は、全部失われてしまった。

ウェーバーは、《フィデリオ》のスコアを四月十日にベートーヴェンから入手した。ベートーヴェンは、それをガレンベルク伯爵の管理下にあるケルントナートル劇場からわざわざ借りだしてやったのである。ウェーバーは、これにもとづいて十四回のリハーサルをおこない、大成功のうちに初日の幕をおろした（四月二十九日）。ベートーヴェンの甥のカールは、五月中旬の会話帳で、アウグスブルク一般新聞が五月九日付でドレスデンのこのオペラの上演についてふれていることをベートーヴェンに伝えている。さらに会話帳の別のところでは、シュレーダーに対する異常な拍手について記されている。また、ドレスデンの宮廷歌劇場の総監督であるケンネリッツ男爵も、この成功をベートーヴェンに報じ、シントラーからの申し出の通りにベートーヴェンに上演権の代金として四十ドゥカートを送った。ベートーヴェンは、七月十七日にその受領証を送り返している。その手紙で、ベートーヴェンは、「愛する友人のウェーバー」に謝意を表し、ザクセン王が《ミサ・ソレムニス》の予約に加わってくれるよう頼んでいる。

こうした事情があってから、ウェーバーの名前は、ベートーヴェンの会話にもしばしばあらわれるようになってくる。たとえば一八二三年はじめに、グリルパルツァーの台本による『メルジーネ』でオペラを書くことについて、狩人の合唱のところでウェーバーは四本のホルンを使ったが、自分は八本を使おうと思うとベートーヴェンは語ったという。また、ベートーヴェンは、作品一一一のソナタと《ディアベリ変奏曲》を二三年夏にドレスデンに送りとどけている。ウェーバーは、《オイリュアンテ》の作曲に精をだしていたころである。そして、ウェーバーがこれらのピアノ曲を充分に理解することができたかどうかは伝えられていない。

感動の会見

一八二三年九月十六日に、ウェーバーは、完成したばかりの《オイリュアンテ》のスコアを持参して、ウィーンに旅立った。ベートーヴェンは、楽譜出版商のシュタイナーに対し、またもドイツの作品が出版されることを喜んでいると語り、ウェーバーのオペラに関して多くの讃辞をきいているので、ウェーバーに多額の金と栄誉をもたらすようにできないだろうかと述べたのである。こうして、シュタイナーは、ウェーバーをベートーヴェンのいるバーデンに連れていった。

ウェーバーのベートーヴェン訪問は、二三年十月五日におこなわれた。ウェーバーは、日記につぎのように記している。

五日、日曜日、八時にピリンガーとハスリンガーとベネディクトとともにバーデンにでかけた。ひどい天候だ。温泉と浴場をみた。デュポールとベートーヴェンに会う。ベートーヴェンからは親切に迎えられた。ベートーヴェンとその甥とザウアーホーフのエックシュラーガーとともに食事をした。たいへんに楽しかった。五時にもどる。

この翌日の手紙で、ウェーバーは、妻につぎのように書いている。

私はまったく疲れていたが、昨日は、バーデンにでかける約束が七時半になっているため、六時に起きなければならなかった。ハスリンガー、ピリンガー、ベネディクトとともにでかけた。しかし、不幸にも天気は荒れ模様だった。その主要な目的は、ベートーヴェンに会うことだった。ベートーヴェンは、情愛をもって私を迎え、私を感動させた。彼は、心の奥底から私を六回も七回もだきしめてくれて、最後には情熱的に「実際に君は偉い奴だ、立派な奴だ」と叫んだ。私たちは、たいへんに楽しく満ち足りて午後をすごした。この飾り気のない、取っつきにくい男は、食卓では、私が貴婦人であるかのように、私の機嫌をとり、私にサーヴィスをした。……

とにかく、ウェーバーにとって、この会見は感動的なものであった。息子のマックス・マリアによると、ベートーヴェンとの会話では、劇場の運営、演奏会のマネージャー、聴衆、イタリア人、大衆の嗜好、とくに甥の忘恩などのことが話題になったという。これに対し、ウェーバーは、不愉快な周囲の情勢からぬけでて、ドイツ国内を旅行すれば、世界がベートーヴェンについてどのように考えているかが知られるだろうと、ベートーヴェンにすすめた。これに答えて、ベートーヴェンは、「おそすぎた」と叫び、頭をふり、ピアノを弾く動作をした。「ではあなたが讃美しているイギリスにゆきましょう」とウェーバーは、会話帳に書いた。ベートーヴェンは、またも「おそすぎる」といった。そして、食事のときには、ベートーヴェンは、数回もウェーバーをだきしめ、キスをし、「新しいオペラの成功を。できればその初演にゆきたい」と叫んだという。

この新しいオペラ《オイリュアンテ》は、十月二十五日に初演されたが、ベートーヴェンは、それにには出席しなかった。しかし、その翌朝に、ベートーヴェンは、シュタイナーの店に姿をあらわし、ハスリンガー（シュタイナーの同僚）に昨晩のオペラがどのような様子だったかをたずねている。それに対して、大勝利だとの返事を受けると、「嬉しいことだ、嬉しいことだ」と叫んだという。さらにそこでベネディクトをみかけ、たいへんに劇場にゆきたかったのだがと話し、耳を指さして、そうした場所へはもういかないと語ったとのことである。

さらに、ベートーヴェンは、舞台監督のゴットダンクに、「可愛いゾンタークになにか進歩があったか？　私は彼女に大きな関心をもっている、その本はどうだ、いいのか悪いのか？」とたずねた。ゴットダンクは、第一問には好意的に返答をし、第二問に対しては、肩をすくめ、否定的な態度をみせた。ベートーヴェンは、「いつも同じ物語だ、ドイツ人はいい台本を少しも書けないのだ」と答えたので、ベネディクトは、会話帳に「では《フィデリオ》は？」と記した。すると、ベートーヴェンは、「それはフランス人とイギリス人の本だ」と答えたという。

オペラのライヴァル

ベートーヴェンが《オイリュアンテ》の成功を気にしていたのは事実である。しかし、ベートーヴェンがこのオペラを気にいっていたかどうかは別問題である。グリルパルツァーは、ベートーヴェンがこの作品をそれほど気にいっていなかったと伝えてもいる。ベートーヴェンとしては、やはり《魔弾の射手》のほうに軍配をあげたいところだったのだろう。ただ、こうしたウェーバーのウィーン進出に刺激されて、ベートーヴェンは、またもオペラを書くことに野心を一段と燃やしたのはたしかである。一八二三年の冬の会話帳には、リヒノフスキー伯爵の手で、「あなたがオペラを書かないのなら、とにかくドイツ・オペラはもうおしまいです。すべての人がそういっています。ウェーバーの失敗作のオペラ《オイリュアンテ》のあとで、多くの人たちが台本を送り返してきました。《魔弾の射手》は、実際のところ、オペラではありません」と記されている。リヒノフスキーはまたベートーヴェンとあまりにも悲劇的で複雑な《オイリュアンテ》の音楽についても語った。ベートーヴェンは、すでにグリルパルツァーの『メルジーネ』にオペラ作曲の白羽の矢をたてていたのである。

しかし、その後の一八二五年には、ベルリンからウィーンにきたレルシュタープも、ベートーヴェンにオペラの台本を提示している。

このレルシュタープは、その前にドレスデンにウェーバーを訪問したことがある。そのときには、ウェーバーは、たいへんに熱をこめてベートーヴェンと、かつての彼を訪問したときのことを語った。このころのウェーバーは、病状の悪化のなかで、《オベロン》の作曲に従事していた。一八二五年九月はじめに、ベートーヴェンは、出版商のシュレージンガーにウェーバーの安否をたずね、《オベロン》のことにもふれている。九月八日には、晩年のベートーヴェンの側近ともなったヴァイオリン奏者のカール・ホルツが、その作品一三二の弦楽四重奏曲のプローベのことを知らせにきて、ウェーバーの病状の芳しくないことを伝えた。

ウェーバーは、一八二六年六月五日にロンドンで他界した。その報告は、ベートーヴェンの六月の会話帳に、「ウェーバー死す。——四十歳で」と記入されている。

ウェーバーは、ベートーヴェンと会ったことを大きな誇りとしていたが、一方では、ベートーヴェンのいわゆる晩年の作品を理解することができなかったという。たとえば、ホルツはつぎのようにベートーヴェンの会話帳で伝えている。

私はウェーバーに私が考えていることを理解させようとしたことがあります。私たちは、あなたの変ホ長調の四重奏曲を彼に演奏してきかせました。彼は、アダージョが長すぎるといいました。しかし私は、ベートーヴェンはまたどのあらゆる人たちよりも、ゆったりした情感とゆったりした幻想をもっているのだといってやりました。このとき以来、リンケはもう彼を嫌わなくなりました。私たちは、彼を忘れることができませんん。

ベートーヴェンのほうは、ウェーバーに晩年には相当の関心をよせたりもした。しかし、この二人は、結局は、別々の人生を歩んでいたのだった。

なお、ウェーバーがベートーヴェンを二回訪れたという説もあるが、これはどうやら誤りらしい。また、ウェーバーがベートーヴェンに《オイリュアンテ》の加筆を頼んだというのも、どの程度の真実性のあることか、わからない。

第11話　奇妙な交友関係——肥満チスト・シュパンツィヒ

ラズモフスキー伯に関する章でも述べたように、ベートーヴェンの弦楽四重奏曲とシュパンツィヒ弦楽四重奏団との関係は深い。この四重奏団の主宰者であるイグナーツ・シュパンツィヒは、ベートーヴェンとほぼ同年配であった。つまり、シュパンツィヒは、ベートーヴェンよりも約六年おそく一七七六年十一月二十日にウィーンに生まれ、ベートーヴェンよりも三年後の一八三〇年三月二日にウィーンで世を去っている。

若き日の友

シュパンツィヒの父親は、ウィーンの実業学校の教師だった。このシュパンツィヒが、少年時代にどのような音楽教育を受けたかは、詳しくは知られていないようだ。ただ、最初は専門家になるために楽器を学んだのではなかったらしい。しかも、はじめはアマチュアとしてヴィオラを演奏していた。そして、一七九二年末、つまりベートーヴェンがウィーンに進出したころに、ヴァイオリンに転向し、いわゆるプロの音楽家になったのだった。

ベートーヴェンとシュパンツィヒとの具体的な交際は、一七九四年にはじまる。ベートーヴェンは、一七九四年から翌年五月まで、リヒノフスキー侯所有の住まいに起居していた。

このリヒノフスキー侯は、モーツァルトの弟子でまた友人でもあって、侯夫人とともにピアノを達者に奏することができた。このリヒノフスキー侯は、シュパンツィヒを第一ヴァイオリンとして、弦楽四重奏団を組織させ、毎週金曜日の午前中にその演奏会を定期的に開催した。これは、一七九四年から九九年までつづいた。第二ヴァイオリンは、当時のベートーヴェンが大きな敬意を払っていた作曲家エマーヌエル・アロイス・フェルスター（一七四八～一八二三）の弟子のルイス・ジーナ、ヴィオラは、九四年一月に十六歳になったフランツ・ヴァイス、チェロは、ハイドンと交際のあったアントン・クラフトと、その息子のニコラウス・クラフトであった。ベートーヴェンがこの室内楽演奏会に積極的に出席し、先輩の作品に熱心に耳を傾けたことはいうまでもない。この演奏会では、ハイドンやモーツァルトの作品のほかに、フェルスターのものもとりあげられることが多かった。そして、この演奏会で、ベートーヴェンは、室内楽曲を創作することに一段と関心を強めることになったのである。

この一七九四年に、ベートーヴェンはシュパンツィヒからヴィオラを学びはじめている。ベートーヴェンの残した記録によると、週に三回師事することになっていた。ベートーヴェンは、すでにボン時代にオーケストラでヴィオラを弾いていたこともあったので、シュパンツィヒのもとで、間もなくこの楽器をマスターし、今度はヴァイオリンを習うことにした。ベートーヴェンも、作品をこのシュパンツィヒから高く評価されたりしたこともあって、この演奏家には好意をもっていたようである。

こうして、シュパンツィヒは、ベートーヴェンの作品も機会をみて演奏するようになってきたし、一七九八年三月二十九日の歌手ヨゼファ・ドゥシェックのための慈善音楽会では、二人はヴァイオリン・ソナタ（おそらく作品一二の三曲のなかの一曲）を協演したのだった。また九七年四月六日のシュパンツィヒが主催した演奏会では、ピアノと管楽器のための五重奏曲もとりあげられた。

リヒノフスキー侯家の四重奏団のメンバーは、前記の通りであるが、ときには侯爵自身が第二ヴァイオリンを担当することもあった。また、ベートーヴェンがヴィオラを奏したこともあり、ベートーヴェンの友人のズメスカルが受けもったこともある。チェロにはリンケがいたという説もあるが、リンケはそのころには、まだウィーンにはきていなかった。

シュパンツィヒは、こうした室内楽活動をしていたのと並行して、オーケストラの指揮にも大きな興味を感ずるようになり、その方面にも進出して、かなり名を知られるようになった。そして、一七九八年と九九年には、シュパンツィヒは、モーツァルトも設立に力を尽したアウガルテンでの夏の演奏会の責任者になった。この演奏会は、元来は年に大体十二回、午前中におこなわれていて、ベートーヴェンがウィーンにきたころには、朝の六時から八時までという奇妙な時間に開かれていたという。とにかく、シュパンツィヒは、ベートーヴェンとも親交のあった音楽家のザイフリートによれば「実際にオーケストラの精力的な指揮者」であったとのことで、一七九九年五月のその演奏会のあとの「一般音楽時報」には、つぎのような記事もある。

とりあげた楽曲を解釈することでシュパンツィヒ氏が示した熱意は、これらの演奏会を、この種のアマチュア組織のすべてと多くの指揮者によってつづけられる価値のある模範的なものとした。

「わがファルスタフ卿」

この当時のシュパンツィヒは、風采も立派だった。四重奏団のメンバーのヴァイスは、やせて背が高かったが、シュパンツィヒは、背の低いほうだった。そして、シュパンツィヒは、二十五歳もすぎたころから、めきめき太りだし、太鼓腹になってきた。背が低いだけに、ユーモラスにさえもみえたので、やがてベートーヴェンからしばしばからかわれる結果となった。現存する彼の肖像画をみても、でっぷりと太っている。ベートーヴェンは、シェークスピアの戯曲から思いついたのか、あるいはむしろ一七九九年に初演されたサリエーリのオペラ《ファルスタフ》にちなんでか、一八二四年にロシア方面の旅行から帰ってきたシュパンツィヒを「わがファルスタフ卿」と呼んだりもした。もっとも、ベートーヴェンは、このあだ名が気に入っていたのか、自分の助手をつとめていて、のちにアルタリア社で働いた肥満のカルロ・ボルドリーニにもこの名をつけたことがある。また、もっと前の一八〇一年に、ベートーヴェンは、ピアノ・ソナタ作品二八の草稿の最後の余白にテノール一人とバス二人、それに混声四部合唱のための小さな声楽曲を書き、それに「シュパンツィヒはルンペンだ、ルンペンだ……」という歌詞をつけ《音楽の冗談、肥満への賛歌》と題をつけた（WoO一〇〇）。もちろん、こうしたことは、ベートーヴェンが悪意をもってしたことではなく、ベートーヴェンにときどきみられるユーモアにすぎない。シュパンツィヒも、気のいい人物だったらしく、ベートーヴェンのからかいには腹を立てなかったという。

カルテットを組織

リヒノフスキー侯家の室内楽演奏会には、シュパンツィヒの四重奏団は、一七九九年まで出演していた。それ以後、なぜ契約が更新されなかったかの理由については、明らかではないようだ。社会情勢の不安が増大してきたからかもしれない。ただ、シュパンツィヒ個人は、一八〇五年までやはりアウガルテン演奏会の企画をたてたり、ときにはその指揮をしたりしていた。しかし、シュパンツィヒは、四重奏団の演奏から手を引いてしまったのではなかったようである。一八〇四年には、シュパンツィヒは、公開の弦楽四重奏曲の演奏会を開いた。ハンスリックによれば（『演奏会実態史』）、これが弦楽四重奏の公開演奏会の最初のものだという。これは、最初は個人の邸宅内で開催されたが、やがてホテルのホールに場所を移しておこなわれた。そして、切符の予約発売もした。

この四重奏の演奏会では、もちろんシュパンツィヒが第一ヴァイオリンを受けもったが、第二ヴァイオリンは若いマイゼーダー、ヴィオラはロプコーヴィッツ家の室内楽奏者のシュライバー、チェロはアントン・クラフトだった。そしてこの演奏会は、一八〇五年にもおこなわれている。ラズモフスキー伯が自宅にヨーロッパ随一の四重奏団を抱えようという気になったのも、この演奏会が多分に関係している。そして、一八〇八年夏遅くか初秋に、シュパンツィヒを中心にして、ラズモフスキー四重奏団が誕生したのだった(このへんの事情は、本書一六四頁以降に詳しい)。

ラズモフスキー四重奏団は、伯爵家の火災と経済事情の悪化のために、一八一六年二月十一日に告別演奏会を開いて解散した。しかし、伯爵は、その後もしばらくの間、シュパンツィヒ、ヴァイス(ヴィオラ)、リンケ(チェロ)には年金を支払っていたという。

このチェリストのリンケは、伯爵家の火事(一八一四年末)の翌年夏にエルデーディ伯夫人の家族とともにイェドレゼーにでかけてしまい、秋にウィーンにもどってきた。火災後には、四重奏団の演奏活動も少かったし、夏期休暇もあったから、それも可能だったのだろう。そして、十一月から四重奏団の演奏をはじめたが、三ヵ月足らずでそれも解散。リンケは、翌年二月十八日になじみ深いホテルのホールでチェルニーと協演して告別演奏会をもち、またエルデーディ家に帰っていった。

シュパンツィヒも、ダイム伯邸でベートーヴェンだけの作品による告別演奏会を開いて、しばらくしてロシアに向かった。ロシアにいったのは、シントラーによると「楽団の指揮をするため」なのだそうだが、ロシアでのシュパンツィヒの生活の実情は知られていない。一八二三年四月にウィーンにもどってきているが、その間にはドイツ、ポーランド、ロシアの各地へも演奏旅行したようである。

シュパンツィヒは、ラズモフスキー伯家に勤務する前に、キリチュギーと結婚した。彼女の妹は、歌手であって、一八〇八年十二月二十二日のベートーヴェンの作品演奏会のときに、予定されながらベートーヴェンから拒否されたアンナ・ミルダーの代りに《ああ不実なる人よ》作品六五を歌ったこともあり、ベルリンでレオノーレの役をはじめて演ずることになった人でもある。

シュパンツィヒは、一八二三年四月にウィーンに帰ったが、ベートーヴェンは、シュパンツィヒとの再会がとても嬉しかったらしく、四月二十六日に早速五声部のカノン《ファルスタフよ、会いましょう》（WoO一八四）を書いて彼に贈ったり、四月末の会話帳からも知られるように、彼と会ってもいる。このときの会話で、シュパンツィヒが、フィールドのピアノの演奏が個性的で美しいと熱をこめてベートーヴェンに伝えているのは興味がある。

シュパンツィヒは、六月にホルツ、ヴァイス、リンケとともに、ふたたび弦楽四重奏団を組織し、十四日に演奏会を開いた。それ以後、この室内楽の演奏会は、次第に活気をみせるようになり、ベートーヴェンの七重奏曲とヘ短調四重奏曲作品九五は、とくに広い人気をえた。ベートーヴェンの晩年の一連の弦楽四重奏曲の成立については、この四重奏団の活動を無視するわけにはいかない。

一八二四年五月の第九交響曲の初演では、いろいろと難航した結果、オーケストラのコンサートマスターにシュパンツィヒが就任した。かつて、一八一三年に大きな話題を呼んだ《ウィリントンの勝利》と第七交響曲の初演のときも、ウィーン在住の著名な音楽家が加わったオーケストラのコンサートマスターとなり、演奏を大成功させたというので、シュパンツィヒは、ベートーヴェンから感謝されたこともあった。

《第九》の後で

ベートーヴェンは、第九交響曲を初演したあと、弦楽四重奏曲の作曲に精をだし、まず変ホ長調作品一二七を一八二五年に完成した。この曲の初演は、三月六日にシュパンツィヒ四重奏団によっておこなわれた。シュパンツィヒは、その一月に四重奏の予約演奏会のシリーズを新しくはじめるところだったので、ぜひともその第一回目のプログラムをこの新曲で飾りたいと思った。しかし、もめごとがあったり、時期的に間に合わなかったりで、この計画を実現させることができなかったのである。そして、そのシリーズの第二回目の演奏会にこの曲をとりあげることができたというわけだった。

ただ、二月半ばになっても、この曲は書きあげられず、シュパンツィヒは、ベートーヴェンに進行の具合をたずねている。シュパンツィヒがいつその楽譜を手に入れたのかは不明である。しかし初演までの二週間以内に入手したことは事実らしい。それでも、この難曲を充分に練習するには、時間不足であった。

初演の結果は、不成功だった。奏者の側からも聴衆の側からも、曲は理解されてはいなかったという。ベートーヴェンは、この初演には出席していなかった。シュパンツィヒはその悪評の責任を感じたが、ベートーヴェンは、できるだけ早い機会に、他の団体でこの曲を再演奏させようと考えた。シュパンツィヒは、それに強力に反対したが、結局、ヨーゼフ・ベームにその白羽の矢がたてられたのである。

ベームは、シュパンツィヒよりも十九歳年下で、シュパンツィヒがウィーンを留守にしている間に、ハンガリーからウィーンにきて名をあげ、弦楽四重奏団を組織した人である。その第二ヴァイオリンには、しばらくの間ホルツが加わっていたこともある。なお、このベームは、一八一九年から四八年までウィーン音楽院で教鞭もとり、ヨアヒム、レメーニ、ヘルメスベルガー（父）などのすぐれた弟子を養成した。ベームは、この変ホ長調四重奏曲との結びつきを、つぎのように記している。

事態はうまくはゆかなかった。第一ヴァイオリンを奏したシュパンツィヒはたび重なる練習で疲れていて、演奏には完成された点がなく、四重奏曲が気に入らないで、演奏に熱をこめていなかった。そして、四重奏団も喜ばなかった。ごくわずかのものが感動し、それは、弱々しい成功だった。

ベートーヴェンは、このことを知ったとき――彼は演奏会にはいなかったから――怒り狂うほどになり、演奏者と聴衆を荒っぽい言葉で攻撃した。ベートーヴェンは、不興が収まるまで、黙っていることができなかった。彼は、朝早く私を呼びによこした。――彼のいつものぶっきら棒な方法で、私にいった「君は私の四重奏曲を演奏せねばならん」――そして、これは決定した。――反対しても質問しても無駄だった。ベートーーヴェンが欲していることは、おこなわれなければならなかった。こうして私は、むずかしい仕事を引き受けた。――ベートーヴェン自身の監視のもとで、熱心に勉強され、何回となく練習した。私は、ベートーヴェンの目つきは精密なものだといった。というのも、この不幸な男は、耳がきこえないので、もう自分の作品の至上の音をきくことができなかったからである。それでも彼のいるところで練習することは、たやすいことではなかった。彼の目は、綿密な注意力をもって弓を追っていたので、彼は、テンポやリズムのごく小さな変動も判断することができ、それをすぐに是正できたのだった。この四重奏曲の終楽章の終わりのところは、メノ・ヴィヴァーチェとなっていた。私にはそれが一般的な効果を弱めるものに思えた。そのため練習のときに、効果をよりよくするために元来のテンポを維持するように忠告し、それが受けいれられた。

ベートーヴェンは、片すみにうずくまっていて、何もきこえなかったが、張りつめた注意力で見守っていた。最後の運弓ののちに、ベートーヴェンは簡単に「そのようにしたまえ」といって、デスクのところにゆき、四つの声部のメノ・ヴィヴァーチェを消したのだった。

ベートーヴェンのこうした熱の入れ方もあったためか、この再演は、大拍手を受ける成功だった。ただし、その第一ヴァイオリンだけがベームで、他の三人はシュパンツィヒ四重奏団のメンバーだった。そして、このグループで、この曲はつづいて三月二十三日に二回も演奏されている。これで面目が丸つぶれになったかにみえたのは、シュパンツィヒであった。しかし、楽天的な性格のためか、シュパンツィヒは、やはりベートーヴェンに接近し、作品一三〇の初演と改訂に一役買っているし、作品一三二も初演している。

シュパンツィヒは、太っていたために、厚ぼったい手の甲の持ち主だったので、急速なテンポで音符が動き回る部分の演奏には、どちらかというと、不向きだったといわれている。これに対して、ベームは、柔らかい手をしていたし、繊細なタイプの演奏家で、作品にニュアンスをつけるのがうまかったという。ただ、シュパンツィヒのほうには、ベームにない線の太さがあった。

大フーガをめぐって

作品一三〇の四重奏曲は、一八二六年の三月二十一日に初演された。この初演のときの曲の形態は現在のものとは、もちろん違っていた。というのも、最後の楽章が現在では《大フーガ》作品一三三として独立している長大なフーガとなっていたからである。四重奏団の人たちは楽譜を受けとったとき、第五楽章「カヴァティーナ」には即座に引きつけられたが第六楽章のフーガに対しては乗り気にならなかった。そしてシュパンツィヒは、この楽章の変更をさえ望んだ。

はたして、初演のときには、第二楽章と第四楽章が聴衆に気にいられ、反復演奏されたが、最後のフーガは評判が悪く、ベートーヴェンの友人たちからも、理解されずに、ほかのもっとあっさりしたものに代えるよう忠告された。この曲を出版しようとしていたアルタリアも、新しい楽章を書くことをすすめた。こうして、ベートーヴェンも、不本意ながら、改作の忠告を受けいれることにしたのだった。作品一三〇の現在の形には、シュパンツィヒ四重奏団の力がいくらかは働いていたわけである。

また、ベームとマイゼーダーも、この曲を音楽愛好家デンプシャーの家での室内楽の集いで演奏しようとした。そこで、デンプシャーは、ベートーヴェンからそのパート譜を借りだそうとしたが、ベートーヴェンは、デンプシャーがこれまでシュパンツィヒの室内楽予約演奏会を無視しているというので、彼にパート譜を与えようとしなかった。デンプシャーは困ってしまい、ベートーヴェンの側近になっているホルツに相談したところ、まず予約演奏会の代金として五十グルデンをシュパンツィヒに支払うべきだとホルツからいわれた。デンプシャーはこれをきいて「そうでなければならないか？」（Muss es sein ?）といった。ホルツからこのことを伝えきいたベートーヴェンも声高に笑って、テンポの速いカノンを書き「そうでなければならない、そうだ、そうだ、犠牲を払え」という歌詞をつくってそれにつけた。この事件と、作品一三五の四重奏曲の第四楽章とは、無関係ではない。

作品一三〇の新しい簡潔な終楽章は、二六年十二月にシュパンツィヒ四重奏団により私的に試演され、四重奏団の意見としてたいへんすばらしいとベートーヴェンに伝えられている。

シュパンツィヒは、ベートーヴェンの葬儀のときには、たいまつをもって葬列に加わった。そして、ベートーヴェンの死後にもその四重奏曲を演奏しつづけた。そのなかには新しい形の作品一三〇の公開初演も含まれている。シュパンツィヒは、またシューベルトのいくつかの室内楽曲とも関係をもつことになった。また、ウィーンの宮廷歌劇場でオペラを指揮したりもしたし、ヴァイオリンを生かしたいくつかの作品ものこした。しかし、シュパンツィヒの生涯のなかでもっとも大きな比重を占めていたのは、何といってもベートーヴェンであった。

このシュパンツィヒは、一八三〇年三月二日の土曜晩餐会の席で、コーヒーを飲もうとしたときに、脳溢血の発作で突然に世を去った。肥満がわざわいしたのだろう。

インテルメッツォ　ベートーヴェンの生活

ベートーヴェンの祖父は、ボンの宮廷歌手から楽長になった人ではあったが、酒の商売を内職にしたことから、その妻（ベートーヴェンの祖母）をアルコール依存に陥れ、廃人にしてしまった。その息子で、ベートーヴェンの父親のヨーハンも、酒に関しては意志が弱く、そのために禁治産者となってしまったのは、周知の事実である。

日本でもよくある例だが、このような家系にあると、三代目も酒に溺れてしまうか、あるいはむしろ三代目は、酒には惹かれるがそこに意志をはたらかせるということになる。ベートーヴェンの場合は、どちらかというと、後者のほうに近かった。ベートーヴェンは、食事や嗜好には無頓着のように思われがちだが、実は意外にそうした面で気を使っていることも多く、それによる健康にもかなり注意していた。意志が強かったわけではあるが、酒は嫌いというのではなくて、魅力を感じていたので、ときにはやはり量を過したこともないわけではない。

ベートーヴェンはぶどう酒党

当時のドイツやオーストリアで酒といえば、まずビールかぶどう酒を指す。これらは、酒というほどのあらたまったものではなくて、成人のほぼ日常的な飲みものであった。しかし、アルコール分が含まれていて、酔い心地を誘うことはいうまでもない。

そのうちで、ベートーヴェンは、ぶどう酒のほうを主として飲んでいた。しかし、ビールを嫌っていたわけではない。ただし、ビールは、夕方に飲食店などでグラス（日本の中瓶程度）に一杯だけ飲むのが普通で、その場合に、パイプたばこと新聞をはなさなかったという。とくにベートーヴェンが愛飲したのは、レーゲンスブルクのビールだったといわれている。

シントラーの伝えるところによると、ベートーヴェンの愛用した飲みものは、新鮮な自然水（井戸水か泉のような湧き水）であり、夏の時期にはそれを極端なくらい飲んだという。そうした飲みものによって、ベートーヴェンは、アルコールを避けることにしていたのでもあろう。このシントラーによれば、ベートーヴェンがとくに愛好していたぶどう酒は、オーフェン地方の山地の産のものだったといわれている。ただし、このぶどう酒では、いわゆる純粋なものよりも、まぜ物が加えられていたもののほうが、ベートーヴェンに気に入られていた。シントラーがベートーヴェンの秘書と自任していたころは、ベートーヴェンは、腸などの消化器系統を悪くしていたので、そうしたぶどう酒でかえって健康を害するという事態を招いたのでもあった。ただし、ベートーヴェンは、それに対する忠告をきき入れようとしなかった。

しかし、ベートーヴェンのぶどう酒に対する好みは、必ずしも一定していたわけではなかったようである。晩年のベートーヴェンと交際のあったウィーンの文筆家のフリートリヒ・

ヴェーナーやヨーハン・シュポールシルなどは、ベートーヴェンがハンガリアの赤ぶどう酒を好んでいたと報告している。ヴェーナーは、ベートーヴェンに関していろいろと興味ある記事をのこした人であって、たとえば、バッハに関してどう思うかと質問したところ「小川ではなくて大海である」という有名な言葉をベートーヴェンからえている。そのぶどう酒についての記事は、つぎのようなものである。

彼は、ぶどう酒が好きだったが、その場合には量の規準をつくって破らないようにしていた。つまり、彼は、何杯ということをきめておいて、その数を侵さないようにしていたのである。それを超えてしまうということは、適切な器楽用法に違反するというような純正な楽曲での欠陥のように彼には思えた。ぶどう酒の価格は、適正な序列を示すものであって、彼は、ぶどう酒の価値を根本的には、味覚で判定するよりも計算書で判断したようである。彼は、ライン地方の出身ではあったが、他のもの以上にハンガリア産のぶどう酒を好んだ。

また、シュポールシルは、一八二三年のベートーヴェンについて、つぎのように書いている。

彼の動作は敏速なものであった。緩慢さを彼はとくに憎んだ。彼の食卓の上は簡単なものであったが、注文のうまさをみせていた。彼は、とくに肉を好み、それをもっとも栄養になる食物だと考えていた。ぶどう酒は、適度に飲んだが、普通にはオーストリア産の赤だけを飲んでいた。ハンガリアのものは、彼の健康には合わなかった。冬にウィーンに住んでいたときには、食後に散歩にゆく前に、カフェーハウスで一杯のコーヒーを飲みながら、新聞に目を通したり、パイプたばこをふかしたり、友人と話をするのを好んだ。

これからみると、ベートーヴェンは、かつてハンガリア産のものを飲んでいたが、健康を害したのはそれが原因だと考えて、オーストリア産の赤に切りかえたということになる。

晩年にいたるまで、ベートーヴェンは、ぶどう酒を飲ませる気に入りの店に坐って、ぶどう酒を楽しむことが少くなかった。これは、ベートーヴェンの会話帳からもうかがえることである。大体にベートーヴェンは、美食家に属するほうであり、その食事のときにぶどう酒を当然に愛好したし、そうでなくとも、ぶどう酒を元気回復のための飲みものと考えていた。

お酒で失敗?

たとえば、一八一四年五月の《フィデリオ》の上演のために、ゲネプロがおこなわれるというその日の朝も、ぶどう酒についてのエピソードがのこっている。そのための新しい序曲をベートーヴェンは前日から夜を徹して作曲しているはずであり、劇場側は、ゲネプロの朝にオーケストラを用意して、ベートーヴェンがその序曲をもってくるのを待っていた。ところが、いくら待ってもベートーヴェンはやってこない。そこで、劇場の副支配人のゲオルク・フリートリヒ・トライチュケは、ベートーヴェンを連れてくるために、ベートーヴェンの家にでかけていった。その部屋に入ってみたところ、ベートーヴェンは、ベッドで熟睡していて、その横にはぶどう酒をついで、ビスケットを入れたグラスがあった。ベートーヴェンは、夜おそくまで作曲に従事していたが、元気を回復させるはずのぶどう酒の酔いと疲労とで睡魔におそわれてしまったのである。

結局、この五月二十三日の上演のときには、予定されていた新作序曲は完成されず、「不慮の障害のために今回は序曲が間に合わなかった」という告示をし《アテネの廃墟》の序曲でその代用をしたことから、聴衆は、事態の原因をなんとなく推察したのだった。そして、新序曲は、五月二十六日の上演のときにはじめて演奏された。これが現在の《フィデリオ》序曲である。

ベートーヴェンの手紙、たとえばズメスカルやブルンスヴィクに宛てたものでも、しばしばぶどう酒のことが話題になっている。しかし、ベートーヴェンは、それと同時に何回となく、ぶどう酒に関しては節度を守ることを強調している。それでは、ベートーヴェンがぶどう酒や他の酒で、酔った様子を他人にみせたことがなかったかというと、実はそれが全然なかったわけでもない。

いまではソナチネの作曲家として親しまれているフリートリヒ・クーラウが一八二五年にデンマーク王室楽長としてウィーンにきたとき、出版商のハスリンガーの肝煎で、ベートーヴェンに会うことを目的とするレセプションが開かれた。それには、ヴァイオリン奏者でもあったカール・ホルツ、音楽院教授のゼルナー、ピアノ製作者のコンラート・グラーフその他も参加した。ベートーヴェンが御機嫌に酔ったのは、このパーティーのときである。そのときの会話は、たいへんに愉快なものだったというが、のちにシントラーは、会話帳からその部分を破りすててしまった。

とにかく、一同は、シャンペンをしたたか飲んだあと、当時夏をすごしていたバーデンのベートーヴェンの部屋にゆき、土地の赤ぶどう酒をさらに飲んだ。そして、クーラウは、即席でバッハの名によるカノンを書き、ベートーヴェンは、その返礼としてやはりカノンを書いた。それは、クーラウの名をもじって、「冷静に、いい加減でなく」(Kühl, nicht lau) という歌詞をもち、しかもバッハの名の音列にもとづくものだった(WoO一九一)。

このあたりまではよかったのだが、翌日、クーラウがシュレージンガーにどのようにして家へ帰って寝たのかおぼえていないと告白しているところからみると、飲んで相当に賑やかだったもののようである。ベートーヴェンも、翌日にカノンの写しをそえてクーラウにつぎのような手紙を書き、それをホルツにもたせてやった。

昨日は私もシャンペンを飲みすぎてしまったことを白状しなければなりません。そのようなことが私の活動力を促進するどころか減退させてしまうということを、またも体験せねばならなかったわけです。というのも、いつもなら即座に受けて立つのがなんでもないのですが、昨日ばかりは、自分がなにを書いたのかもうまったくおぼえていないのです。

ベートーヴェンの食卓

さて、ベートーヴェンの食事についてであるが、この場合に、ベートーヴェンの母親の父がトリーアの選挙侯の料理長をしていて、ベートーヴェンの母親自身が立派な料理の腕前をもっていたことを見逃すべきではないだろう。それに、ベートーヴェンは、すでにボン時代にブロイニング家で味のよい料理にも接していた。そのようなことから、ベートーヴェンの味覚がかなり肥えていたことは充分に想像できるし、ベートーヴェンがある程度の美食家であったという説も成立する。しかし、もちろんベートーヴェンの食物に対する好みは、年代とともにかなり変化してきたようである。

ただ、ベートーヴェンは、音楽に熱中すると俗事を忘れがちになるために、そうした食事の時刻を必ずしも厳密に維持していたわけではないらしい。ボン時代とウィーンにでてからのしばらくの時期については、資料不足で知られていないが、その後の時期では、ベートーヴェンは、やはり食事に関しては時間厳守ではなかったようだ。

ベートーヴェンの朝食については、一八一二年のときの模様がシントラーによって伝えられているし、ピアノ教師でこの年にベートーヴェンを訪問したフリートリヒ・シュタルケによっても紹介されている。それによると、朝食のコーヒーをベートーヴェンは、ガラスの器具で自分で準備した。ベートーヴェンは、コーヒーを欠くことのできぬ滋養飲料とみなしていたようで、そのためにも自分で慎重に用意したのであろう。その分量は、コーヒー豆六十粒を、コーヒー茶わん一杯用にする。とくに客がいるときには、その数をしっかりと数えるのが普通だったという。

コーヒーのほかに、朝食での好物は、イタリアのパルマ産の固いチーズを加えたマカロニだった。しかし、うまくつくられていないのが普通で、それがまずいのに気がつくと、ベートーヴェンは、うまいときよりまずいときのほうが多いのではないかと考えるのだった。これに対して、その他の料理が口に合わないときには、家政婦の責任を追及し、ベートーヴェンの味覚上の意見に反対を唱えることを禁止した。たとえば「スープについてのお前の判断を自分はちっとも尊重しないぞ。スープはうまくないのだ」という具合である。シントラーも、スープについて意見を述べたところ、これと同じような内容の手紙をもらったことがあった。

魚料理は大の好物

シントラーによれば、ベートーヴェンは、魚料理ならなんでも好きだったという。そのため、客を食事に招くのは金曜日が多かった。金曜日だと、ドナウ河の肥えたシルと呼ばれる魚（鱈に似たもの）が新鮮なうちに手に入るからだった。ただし、それは昼食に招待するのであって、ベートーヴェンの夕食は、むしろ逆に簡単なもので、夕食に関しては、ベートーヴェンはうるさくはなかった。夕食は、一皿のスープと昼食ののこりもので片づけられるのが普通だったのである。ただし、ドイツ人らしく、じゃがいもは、かなり食べたようである。

一八二〇年前後くらいまでのベートーヴェンは、柔らかく煮たパン・スープも愛好したという。これは、ザイフリートによると、卵十個を必要とし、一八二〇年の会話帳によれば、仔牛の焼肉といのししの肉を使うものだった。その後の時代には、仔牛の焼肉も好んだらしい。また、いのししの肉や血入りソーセージも好物だった。

一八二二年にイギリスの音楽家シュルツがベートーヴェンとバーデンの近くを散歩したとき、たまたま二人は食事をする機会があった。シュルツは、その模様をつぎのように伝えている。

その日はすばらしく天気がよかったので、私たちは郊外に散歩にでかけた。ベートーヴェンにとくに気に入ったと思えたのは、私たちだけがホテルの客であり、まる一日私だけでそこにいられたと思えたことだった。ウィーンの人の食事はヨーロッパ中でも有名であり、私たちのためにととのえられた食事は、たいへんにぜいたくなものだった。そのため、ベートーヴェンは、浪費について注意をせざるをえなくなり、つぎのように叫んだのだった。「何のためにこんなに多くのさまざまな品数が必要なのだ？　食卓が主要な楽しみをなすというのなら、人間は他の獣以上にはすぐれていない」。ベートーヴェンは、食事の間、これに類したような考えを述べていた。料理では、ベートーヴェンは、ただ魚だけを好み、そのなかでも鱒が彼の好物だった。

ベートーヴェンが魚料理を好んでいたということは、シントラーやこのシュルツのほかにも、晩年のベートーヴェンに可愛がられた、一八一三年生まれのゲルハルト・フォン・ブロイニングの記述からも知られる。このベートーヴェンの魚好きについては、ロンドンの音楽家でハープ製作者のシュトゥンプフがベートーヴェンを訪れて食事をしたときのエピソードからもうかがえる。

あるときシュトゥンプフは、料理を注文する際に、ベートーヴェンに好みをきいたところ、「魚、魚です」という言葉がかえってきた。そして、料理が運ばれてくると、ベートーヴェンは、魚料理を入れた器のふたを笑いながらとり、「ブラボー、ブラボー、魚がいる。さあ、喜んで魚を食べよう。この土地では、いい魚は少いのだ。湖の魚は、ロンドンで食卓にのせる魚と同じように、自分にとっては御馳走だ」と歓声をあげたのだった。

晩年になって、病床のベートーヴェンの会話帳にも、食事のことがいろいろと記されている。当然に、病状と医師の命令によって、食事はかなり変化した。そのなかには、「果汁、肉と肉汁、栗とキャベツ、野鴨」というのがあり、また「やまどり、あひる、水鳥」とも記されているし、「ソーセージを焼くならよい」などとも書かれている。側近は、ベートーヴェンの食事についての質問にずいぶんと悩まされたのであろう。それだけに、一八二六年から翌年にかけては、ベートーヴェンの病状を心配する人たちから、上等のぶどう酒、シャンペン、果物の砂糖づけ、その他のものがとどけられたのでもあった。

なお、ベートーヴェンが好んでいたものに、貝の「かき」があったことも忘れられない。この「かき」は、トリエステから送られてきたものだった。「かき」を食べたいという欲望は、「かき」のある国で生活してもいいという考えと結びつくほどだったともいわれている。

パイプ党の愛煙家

ベートーヴェンは、たばこに関しても節制を守っていた。彼がいつごろからたばこをふかす習慣をもつようになったのかはわからない。そして、たばこでは、大体にパイプのものが使われていた。女性歌手のゾンタークとウンガー(ともに第九交響曲の初演で歌った歌手)に会うことになっていた一八二三年のある日のこと、シントラーは、このベートーヴェンをからかって、「女性たちもパイプにつめてしまいなさいよ」といったことがある。この時代も、ベートーヴェンは、やはりパイプたばこを吸っていたわけである。そして、会話帳では、それよりも晩年の時代に、葉巻きたばこのことが話題になっている。嗅ぎたばこ入れを持っていたことから、ベートーヴェンは、この種のたばこも用いたようだが、それを頻繁に愛用したのではなくてごく稀にしか使わなかったとホルツは伝えている。

このホルツによれば、ベートーヴェンは、これらのたばこを自宅や街頭で吸うことはなく、もっぱら飲食店でふかしているだけだったという。これからみると、ベートーヴェンは、決してヘヴィー・スモーカーでもなく、またいわゆるニコチン依存者でもなかったわけである。ただ仕事からはなれてくつろいだときに、それを用いたというのにすぎない。

ベートーヴェンは、喫煙や飲酒の悪習に溺れるというわけではなく、料理の点でもその時代なりに栄養ということにかなり気を使っていたことになる。それだけに、一八二六年秋から十二月にかけて、弟ヨーハンのグナイクセンドルフにある別荘に滞在したときに、食事がたいへんお粗末だったことは、ベートーヴェンにはまさに堪えられぬことであった。これまでの習慣でもっともカロリーの豊かな料理をとるはずの昼食のときでさえ、ぶどう酒は相当量飲めたものの、料理では半熟の卵が二つか三つというありさまだった。

それからウィーンに帰る途中で一泊した宿では、寒さと疲労のために、ぜひともあたたかくて滋養になる食事をとりたかったのも当然のことであろう。ところが、それも思うにまかせなかった。こうしたことがベートーヴェンを神経的にも肉体的にも弱らせる結果となり、ウィーンに着いてから、肺炎にかかってしまうのである。

その肺炎が小康状態を保ったのもつかの間で、今度は、肝臓と腸を悪くして、食欲を失ってしまうことになる。そして、それが直接にベートーヴェンの死へとつながってゆくのだった。

第12話 〝第三の故郷〟ボヘミア

ベートーヴェンが生涯の間に、何人かのボヘミア出身の音楽家たちと交際をもったことはよく知られている。これは、ベートーヴェンがボヘミアに何回か滞在したことにもよるが、またむしろそれ以上に、ボヘミアからすぐれた音楽家たちがウィーンそのほかに流出してきたことに大きな原因がある。ベートーヴェン時代のボヘミアが文化を無視したような弾圧政治に苦しみぬいていたので、才能に自信のある音楽家は、自由を求めて国外に脱出したわけだし、ウィーンやマンハイムやベルリンあるいはパリなどのような音楽的に高い水準をもつ都市に憧れることにもなったのである。

ベートーヴェンが若いころに働いていたボンの宮廷楽団にも、何人かのボヘミア出身の音楽家がいた。たとえば、ベートーヴェンと同年生まれのアントン・ライヒャもそのひとりだった。このライヒャは、すぐれた音楽的な才能の持ち主であり、幼少のときには神童とさえもいわれたのだった。ボンの宮廷が崩壊したのち、ライヒャは、ハンブルクに移り、それからパリで活動し、フランスの楽界のために貢献した。そして、一八〇二年ごろにウィーンにきて、またベートーヴェンと接触するようになったのである。ライヒャは、一八〇八年までウィーンにとどまっていて、ベートーヴェンに影響や刺激を与えたのだった。

若き日のプラハ

このように、ベートーヴェンは、若いときからボヘミア出身の音楽家たちと交際していたのだが、また何回かボヘミアの地を訪れたりもした。そのボヘミアの首都プラハにも、ベートーヴェンは何回か滞在している。ただし、ベートーヴェンがはじめてプラハを訪問したのが、正確にはいつのことだか知られていない。すでに一七九五年に、ベートーヴェンは一度プラハにでかけたことがあるとドラバッツの事典に記されているが、この真偽のほどは立証されていないし、プラハ滞在の目的が何であったか、あるいはプラハで何をしたのかも、まったく知られていないようだ。おそらく、その翌年のプラハ滞在と混同して記述されたのではないかともいわれている。

ベートーヴェンは、一七九六年二月から六月にかけて、演奏旅行にでかけたが、その二月十九日に弟のニコラウス・ヨーハンに宛てて、プラハからつぎのような手紙をだしている。

　弟よ、私がどこにいて何をしているのかお前はとにかく知っているかもしれないが、私はお前に手紙を書いておかなければならない。まず第一に、私の調子は上々だ。私の芸術は、友人と名声を与えてくれた。私がさらに欲しいのは何だろうか。そして今回は、かなりの額の金もつくることができそうだ。ここに二、三週間ほど滞在して、それからドレスデン、ライプツィヒ、ベルリンへと旅行する。私が帰るのは、少くとも六週間後になるはずだ。

お前がウィーンで快適に生活することを希望する。だが悪い女連中には注意しろよ。もう「いとこエルス」をたずねてみたかね。手紙を書く気や暇があるなら、私に手紙をくれ。

リヒノフスキー侯は、やがてウィーンにもどるだろう。侯は、すでにプラハを去った。金が必要ならば、侯のところにいって借りるとよい。侯は、まだ私にいくらか借りがあるのだ。お前の生活が一段と快調になることをのぞむ。私がお前の幸福に役立つことができるようになりたいとも思っている。……

この手紙からも知られるように、ベートーヴェンは、リヒノフスキー侯とともにプラハにきて、しばらくして侯とわかれ、それからドイツのほうに旅行にでかけたのである。そして、弟に教えた宛て先からすれば、ベートーヴェンは、当時のプラハではもっとも豪華な旅館の一つにとまっていた。それより以前の一七八九年四月にも、モーツァルトは、リヒノフスキー侯と一緒にこの旅館にとまったことがある。

交際の数々

ベートーヴェンは、プラハの貴族のサロンなどで演奏して、かなりの金をえたもののようである。ソプラノ独奏用のシェーナとアリア《ああ不実なる人よ》も、このプラハ滞在中に書きあげており（前年にウィーンでそのスケッチをはじめていた）、その写譜した総譜を、おそらくこうしたサロンなどでの演奏を通じて知り合ったと思えるヨゼフィーネ・クラーリ伯爵令嬢に捧げた。ヨゼフィーネは、プラハでは名の通ったアマチュアの歌い手でもあった。しかし、ベートーヴェンはこの曲の楽譜を一八〇五年にはじめて出版したときには、とくに誰にこれを献呈するとも楽譜には記さなかった。なお、彼女はマンドリンも達者に演奏したので、ベートーヴェンは、いくつかのマンドリン曲をこの時期に彼女のために作曲している。そうしたことが、またベートーヴェンに収入をもたらしたのであろう。

ところで、この《ああ不実なる人よ》は、一七九六年十一月二十一日に、ドゥシェック夫人の独唱によりライプツィヒで公開初演された。この夫人は、やはりモーツァルトとも交際があったことで知られている。この十一月二十一日のときのプログラムでは、この曲は「ベートーヴェンが彼女のために作曲したイタリア語の情景」と記されている。こうなってくると、この作曲に関しては、ベートーヴェンの真意がどのへんにあったのかわからなくなってくる。プラハでドゥシェック夫人を知って、完成を急いだのかもしれない。

ベートーヴェンは、このプラハ滞在中にヨーハン・カンカという法律の博士とも知り合った。カンカは、ベートーヴェンよりも二歳年下で、プラハの裁判所につとめていた。その父親の代から音楽愛好の家系としてカンカ家は知られていて、父親はチェロを、息子はピアノを巧みに演奏することができた。しかし、この時代にベートーヴェンがカンカの家族たちとどのような交際をしたのか詳しくは知られていない。おそらく、一八一一年にベートーヴェンは、テープリッツに滞在していたときに、久しぶりにカンカ博士と再会したらしい。そして、博士は、一八一二年のキンスキー侯と一八一六年のロプコーヴィッツ侯の死後は、両家の遺産管理人となったので、そうしたこともあってベートーヴェンと接触するようにもなった。博士は、ベートーヴェンには法律上の面からいろいろと進言や忠告もしたのだった。

トマシェックの回想

ベートーヴェンは、一七九八年にもプラハにでかけている。今回ももちろん演奏会を開くことが目的だった。のちの一八一四年にベートーヴェンを訪問し、その見聞記をのこしたことでも知られている一七七四年生まれのボヘミアの音楽家ヨーハン・ヴェンツェル・トマシェックは、そのときのベートーヴェンの演奏会を二回きいて、感激した筆致でその印象を自伝のなかに書きとどめている。思えば、この時期は、ベートーヴェンのピアニストとしての最盛期でもあった。そして、そのときのベートーヴェンの即興演奏もみごとなものだったとトマシェックは伝えている。トマシェックは、この第一回目の演奏会であまりにも深く感動させられてしまったので「数日間は自分のピアノに触れようともしなかった」とのことである。しかし、第二回目の演奏会に関しては、トマシェックは、また別の面も伝えている。

今回は、私は、ベートーヴェンの芸術作品をもっとおちついてきいた。私は、彼の力強い、輝かしい演奏を称讃する。しかし、彼は、しばしば一つの動機から他の動機へ強引に移ってしまい、作品の観念の有機性やなめらかな展開を破壊してしまう。これには私は同意できない。こうした悪い性質が、あまりにも豊かな思想をもつ彼のすぐれた作品を弱めてしまうことも少くない。先入観のないきき手がベートーヴェンの演奏から荒々しく呼び起こされてしまうことも珍しくないのである。彼にモーツァルトのオペラをしばしば見にでかけるのかと質問した夫人に対して「私はモーツァルトのオペラを知らないし、自分の独創性のいくらかでも失うことになりはしないかと思って、他人の音楽をきくのを気にしているというわけでもない」とベートーヴェンが答えたことからも確認できるように、特異で独創的なものは、作曲におけるベートーヴェンの主要な意図であるように思えるのである。

テープリッツにて

ベートーヴェンは、一八一一年につづいて、翌年にもボヘミアのテープリッツに保養にでかけている。テープリッツには、ベートーヴェンの気に入った女声歌手アマーリエ・ゼーバルトが滞在していたことが、この年のテープリッツゆきと大きく関係している。その途中で、ベートーヴェンは、またもプラハを訪れた。プラハに到着したのは七月二日で、テープリッツ着は七月五日であるから、プラハの滞在はごく短期間ということになる。

ところで〝不滅の恋人への手紙〟が一八一二年のものだとなれば、これらはすべてテープリッツで書かれたというわけである。

音楽学者のウンガーが一九二八年に発表した説では、手紙にでてくる「K」は疑いなくカールスバートであり「恋人」はベートーヴェンとプラハで会い、それからカールスバートに旅行したのではないかと推定されている。しかし、その女性をテレーゼ・ブルンスヴィクとしてはいるものの、その確実な証拠はあげられていない。アマーリエ・ゼーバルトがそうだという説もあるし、テレーゼの妹のヨゼフィーネこそ、その本人だと主張する学者もいる。カツネルソンなどは、ヨゼフィーネがこの一八一二年五月に二度目の夫と別居するようになり、プラハでベートーヴェンに会ったのではないかと推測している。その上、翌年四月にヨゼフィーネは女児を出産したが、これは、ベートーヴェンとの間の子だとの意見をだした。しかし、ベートーヴェンの娘であるという見解は、現在では否定の方向に傾いている。第一に、ベートーヴェンがヨゼフィーネに会ったという証拠物件は、ほとんど何もでてこないのである。それよりむしろ、この時期の日記などにベートーヴェンは、頻繁に「T」なる女性のことにふれているので、手紙はテレーゼに宛てたものではないかという説もでてくる。

音楽都市プラハ

それにしても、ベートーヴェンがこの短期間のプラハ滞在中に音楽の方面でいったいどのような行動をとったのかは知られていない。ただ、ベートーヴェンがウィーンからプラハに、ヴィリゼンという男と同行したことはわかっている。このカール・ヴィルヘルム・フォン・ヴィリゼンは、ベートーヴェンよりも二十歳くらいも若く、当時は二十歳をすぎたばかりという青年だった。ベートーヴェンの友人で商人であり、音楽的な才能も豊かなフランツ・オリーヴァが自分の商売の仲間として、ベートーヴェンにヴィリゼンを紹介し、ベートーヴェンは、このヴィリゼンと同行することになったわけである。そしてオリーヴァとベートーヴェンは、プラハかテープリッツで落ち合っている。

ベートーヴェンは、それ以後には、プラハに足を運んでいない。しかし、ベートーヴェンとプラハとの関係がこれで終わりを告げたわけではない。ボヘミアがオーストリアと隣接していたのと、プラハがウィーンと距離的にも遠くはないということに加えて、ボヘミアとオーストリアが音楽上で交流をもっていたこともあり、プラハは、本場のドイツやオーストリアと並んで、あるいはむしろそれ以上に、早くからベートーヴェンの作品に理解を示し、それをとりあげてきた。ベートーヴェンが第九交響曲をウィーンで初演したのは、一八二四年五月七日であるが、プラハでは、この曲は、一八二七年三月二十三日にはじめて紹介されている。この曲の総譜とパート譜がショットから出版されたのが前年の二六年八月末なので、このプラハ演奏は、ヨーロッパの都市のなかでも早い時期のものに属する。もちろん、ベートーヴェンは、このプラハでの演奏会には出席できなかったし、それどころかそのときには病状がまったく絶望的で、口をきくことさえもできなかった。そして、それから三日後に、ベートーヴェンは世を去ったのである。

このプラハでの演奏のときには、トロンボーンが使われなかったという。いまから考えると、想像もつかないようなことが大胆に敢行されていたわけである。それにしても、そのころのプラハの苦難の状態からすれば、このプラハ初演は、たしかに壮挙であったに違いない。しかも、そのときの指揮者は、ウィーンからきた人ではなくて、プラハ音楽院の院長をつとめていたディオニシウス・ウェーバー（一七六六〜一八四二）であったのも興味深い。それ以来、第九交響曲は、プラハの市民と切りはなすことのできない音楽的な関係を結ぶことになったのである。

第三の〝故郷〟ボヘミア

第二次大戦後「プラハの春」と呼ばれる大規模な音楽祭が毎年、スメタナの命日の五月十二日に開幕され、六月初旬まで豪華な音楽の祭典を毎日毎晩くりひろげてゆくが、原則として、この音楽祭は、スメタナの連作交響詩《わが祖国》をチェコ・フィルが演奏して開始され、ベートーヴェンの第九交響曲で会期を閉じる。この第九交響曲のときには、オーケストラと合唱は、チェコの誇るチェコ・フィルとその合唱団ときまっているが、指揮者は、大体においてそのつど、外国の著名な第一級の人を招くという習慣がある。そして、このようにして、ベートーヴェンに敬意を払うと同時に、この音楽祭のクライマックスをつくりあげることになっている。

さらにまた、ベートーヴェンのオペラ《フィデリオ》も、プラハではかなり早い時期に上演されている。それは一八一四年秋のことで、それを強行したのは、《魔弾の射手》のほうのウェーバーである（詳しくは、本書一七四頁以降）。ベートーヴェンは、そのときプラハに送った総譜のカヴァーに、上演に関していくつかの助言的なことも書きこんだ。

　ベートーヴェンがプラハを気に入っていたのは事実のようである。たとえば、甥のカールの教育をプラハで受けさせようと考えたこともあった。それに、プラハの人たちがベートーヴェンに示した好意も、ベートーヴェンにとっては忘れられないものであったに違いない。プラハに住むヨーゼフ・レーガーという法律家もそのひとりで、キンスキー侯からの年金に関しての訴訟のときに、ベートーヴェン側に立って尽力してくれたのだった。なお、このレーガー博士は、古いベートーヴェンの伝記では、バイヤーと間違って記されていることもある。また、ベートーヴェンもその技量を高く評価していたピアニストで作曲家のフーゴー・ヴォジシェックも、プラハの出身だった。このヴォジシェックとはベートーヴェンは一八一四年ごろに知り合っている。しかし、ベートーヴェンよりも二十一歳も若かったこのチェコの作曲家は、ベートーヴェンよりも早く一八二五年に世を去ってしまった。ピアニストのモシェレスもプラハ出身だ。

　プラハに限らずに、ボヘミアに範囲を拡大すると、ベートーヴェンは、ボヘミア出身の人とも広く交際した。チェロの著名な演奏家クラフト父子も、そうしたグループに属する。一八二二年に完成された大作《ミサ・ソレムニス》の作曲の動機となったルードルフ大公の大司教就任のオルミュッツ（オロモウツ）も、ボヘミアにあった。マンハイム楽派を通じてボヘミア出身の作曲家たちからベートーヴェンがいろいろと影響を受けたことも、とくにここで強調するまでもないだろう。

ボヘミアは、ベートーヴェンにとってボン、ウィーンに次いで関係の深い土地だったのである。プラハともなれば、ベートーヴェンにとっては、第三の都会ということにもなろう。

第13話　ヴァイオリン・コンプレックス

ベートーヴェンは、どうしたわけだか、職業的なヴァイオリニストとは交際が長くつづかなかったようである。そのなかで例外ともいえるのがシュパンツィヒである。しかし、ベートーヴェンは、当時の著名なヴァイオリニストの演奏に無関心だったわけではない。

ロードの場合

たとえば、ジャック・ピエール・ジョセフ・ロードというフランスのヴァイオリニストの場合がそうである。このロードは、一七七四年にボルドーで生まれたというから、ベートーヴェンと同年配ということになる。パリでヴィオッティに師事したのち、九〇年に同地でデビューし、早くも九五年からパリ音楽院で教鞭をとることになった。一八〇四年から〇八年まではペテルブルクのアレクサンドル一世の宮廷に独奏ヴァイオリニストとして勤務していた。そして、一八一一年からドイツ＝オーストリアに演奏旅行をするようになり、とくにベルリンにしばらく滞在し、名声を上げたのだった。

このロードは、一八一二年にウィーンにきた。ベートーヴェンは、ロードがロプコーヴィッツ侯の邸宅で演奏することになったので、ルードルフ大公のピアノとロードのヴァイオリンのために、ヴァイオリン・ソナタ作品九六を書き上げたのだった。一八〇三年の《クロイツェル・ソナタ》以来、久しぶりにこのジャンルにもどってきたわけである。ヴァイオリン・ソナタの創作から遠ざかっていたのは、この種のソナタの作曲の依頼がなかったからでもあろうが、また、もともとこの分野には積極的な興味を抱いていなかったからでもあるだろうし、他の分野のもののほうが書きやすかったからだとも考えられる。しかし、それと同時に《クロイツェル・ソナタ》で、ヴァイオリンとピアノが競い合う様式の音楽に限界を感じていたのではないだろうか。

実際、ベートーヴェンの場合には、他のジャンルでも、そのようなことに起因していると思えるような現象がときおりみられるのである。たとえば、ピアノ協奏曲が第五番で打ち切られ、第六番は未完成のままのこされてしまったこと。ピアノ・ソナタでは《ヴァルトシュタイン》と《熱情》が外面的効果および内面への掘り下げのピークをなす作品で、それから数年間ソナタが書かれなかったことが例としてあげられよう。

ベートーヴェンの創作意欲が、一八一二年にヴァイオリン・ソナタにもどってきたということは、ルードルフ大公がロードと共演するので、大公からソナタを書くようにすすめられたからだともいわれているし、ロードがすでにベルリンで高名をはせていることをベートーヴェンも知っていたからなのだろう。ただし、ベートーヴェンは、このソナタの作曲には、ロードがウィーンに到着する以前の二月ごろから着手していたようである。というのも、現在ニューヨークに保管されているこの曲の草稿の冒頭には「一八一二年二月のソナタ」と記されているからである。そして、この二月というのは、実は全曲が完成されたときとみるべきではなくて、作曲が始められた時点と考えるべきである。実際、その中間の二つの楽章が十一月に、第八交響曲の完成後に作曲され、第四楽章が十二月に入ってから書き上げられたことは、はっきりしている。

二月にヴァイオリン・ソナタの作曲を始めているが、そのときすでに、ベートーヴェンは、大公からロードが十二月にウィーンにくることをきかされていたとも考えられる。

このヴァイオリン・ソナタは、一八一二年十二月二十九日にロプコーヴィッツ侯邸で、予定通りに初演された。それより少し前に、ベートーヴェンは、大公につぎのような手紙をだした。

明日早朝に、写譜屋は、最後の楽章の仕事に取りかかれるはずです。私自身は、ほかのいくつかの仕事の約束があったので、ただ期限通りに仕上げるというだけのために、終楽章を無理に急いだのではありません。まして、ロードが演奏するということで、この楽章を考えて書かなければならなかったのです。終楽章にはかなり騒々しいパッセージがあるようですが、R（ロード）はそれを喜んでいません。――私もどちらかというと、煩わされました。――とにかく、火曜日には万事うまくゆくでしょう。……

この文中の火曜日というのは、初演の日の十二月二十九日のことである。

この初演のときのロードの演奏ぶりには、内面的なものが不足しているということもあって、ベートーヴェンは、あまり感心しなかったという。そのときには、大公のピアノのほうが断然光っていたともいわれている。ロードは、このあと翌一三年一月六日にウィーンで最初の公開演奏会を開き、その翌日にまたロプコーヴィッツ侯邸でルードルフ大公と組んで、またこのソナタを取りあげている。しかし、ベートーヴェンのほうは、このロードの短期間のウィーン滞在中に、結局ロードと親しくなれなかった。そうしたこともあって、一八一六年七月にウィーンのシュタイナー社からこの曲の楽譜が出版されたときには、ルードルフ大公に献呈されたのである。

ロードは、ウィーンに来る以前には、たしかに評判がよかった。しかし、その演奏の様式や趣味がウィーンの人たちに合わなかったそうである。すでにヴァイオリンの大家として名を上げていたシュポーアは、一八一二年に演奏会を開くためにウィーンにきて、アン・デア・ウィーン劇場のコンサートマスターに就任していたが、十年前にロードの演奏をきいたときには、たいへんに感動しおどろかされたと述べている反面、一三年一月六日のロードの演奏会には同調を示していない。シュポーアはその自伝で、ロードの演奏を冷たくてマンネリズムに満ちているとし、とくにそのカンタービレの演奏に不満を感じたと述べている。ベートーヴェンがロードに感心しなかったのも、似たような理由からではないだろうか。

ブリッジタワーの場合

ベートーヴェンが嫌うようになったヴァイオリニストのジョージ・ブリッジタワーの演奏も、この場合と似ていたようであるが、もっと極端なものであった。

ブリッジタワーは、ポーランド出身の白人と黒人の混血のヴァイオリニストで、一七七九年あるいは八〇年に生まれ、早くも一七八九年にパリのコンセール・スピリチュエルでデビューしている。そして、その後ロンドンで活動し、一七九一年のハイドンとザロモンによる演奏会でも、プログラムに名を飾るようになった。一八〇二年に、ブリッジタワーは、ドレスデンに住む母親に会いにドイツにきて、同年七月二十四日と翌年三月十八日にドレスデンで演奏会を開き、それからウィーンにやってきたのである。

ブリッジタワーは、技巧の点では相当の腕前を持っていた。そして、ウィーンにきたときには、すでに上流社会の人たちの間で名を知られているほどだった。ウィーンに到着してから、リヒノフスキー侯を通じて、ブリッジタワーは、ベートーヴェンにも紹介された。その結果、一八〇三年五月二十四日（一説では十七日）のブリッジタワーの演奏会に、ベートーヴェンは、賛助出演をすることになった。この会のためにヴァイオリン・ソナタを書き、それをブリッジタワーに捧げようと考えたのも当然のことである。しかし、日時は切迫していた。このため、以前からスケッチしていた材料にしたがって、第一楽章を四日間で書きあげたものの、他の楽章は、演奏会当日まで間に合いそうもなかった。それでも、第二楽章は、ヴァイオリンのパートだけがやっと書きあげられ、写譜された。しかし、そのピアノのパートは、部分的にメモ程度に書かれているだけのものだった。これには、写譜を担当した弟子のリースもおどろいたらしい。さらに、第三楽章は、完全に間に合わなくなってしまい、以前に書きあげた作品三〇の一のソナタの第三楽章用で、しかし実際には不釣合だということで使われなかったもので代用することにした。幸いにも、調性関係が合っていたから、それでよかったのである。こうして演奏されたのが、実は今日の《クロイツェル・ソナタ》と呼ばれる曲なのである。

このような事情で、二人で合わせる練習時間はほとんどなかった。それでも、ブリッジタワーの伝えるところによると、プレストの第一部の反復のときにベートーヴェンの書いたものを変えて演奏してみせたところ、ベートーヴェンは、跳び上がり、ブリッジタワーに抱きつき「もう一度やってみてくれ、わが友ブルシュよ」といったという（ブルシュはブリッジタワーのこと）。それにしても、初演が立派なものにならないのは当然のことであった。だが、この曲は、もう一回演奏される機会があった。しかし結局、ベートーヴェンは、ブリッジタワーと友情を結ぶことができなかった。

正確な日時は不明だが、ベートーヴェンがブリッジタワーに宛てた手紙が二通ある。それは、つぎのようなものである。

わが友Bよ、きょう十二時に私たちが一昨日会ったダイム伯邸にきて下さい。おそらく伯爵家の人たちは、すでにみたあなたの作品のなにかを演奏してくれるのをききたがるでしょう。私は、一時半前には帰ります。私はそのときにお目にかかれるのを楽しみにしています。

すみませんが、一時半にタローニの喫茶店で私を待っていて下さい。それからグィッチャルディ伯夫人のところへゆきましょう。あなたは食事に呼ばれているのです。

このグィッチャルディ伯夫人は、かつてベートーヴェンの門下生であったジュリエッタの母親である。この二通の手紙に関する限り、ベートーヴェンは、ブリッジタワーに好意をみせているので、まだ二人が不和になる前のものであろう。

さらに、ウィーンの裕福な貴族で、音楽家や美術家の保護者でもあり、モーツァルトとも交際のあったヴェツラー男爵に宛てた五月十八日の手紙では、ベートーヴェンはつぎのように書いている。

私どもはお互いにまだ話し合ったことはありませんが、私は、この手紙の持参人ブリッシュドワー（ブリッジタワーのこと）氏をあなたにご紹介することに少しのためらいも感じません。彼は、ひじょうに有能で、彼の楽器を完全にマスターしているヴィルトゥオーゾです。——彼は、彼の自作の協奏曲のほかに四重奏曲も見事に演奏します。私は、男爵が彼にもっと広範な知人を作って下さることを切に望みます。彼は、ロプコーヴィッツやフリースそのほかの著名な音楽愛好家にはすでに好印象を与えています。——

男爵が彼を夕方にでも、私の知っている多くの友人の集まるテレーゼ・シェーンフェルトのところに連れてゆくなり、あるいは男爵ご自身が彼を招待なさっても、けっして悪いことにはならないと思います。――男爵も彼と知り合いになれたことで私に感謝なさるはずです。

数年後に、ブリッジタワーがイギリスのサールウォールという人にベートーヴェンについて語ったところによると、ベートーヴェンは《クロイツェル・ソナタ》の作曲当時、たえずブリッジタワーと会っていて、ソナタの写譜に「ブリッジタワーに献呈」と書いたが、ブリッジタワーがウィーンを去る前に、ある少女をめぐってブリッジタワーといさかいをおこし、作品をロードルフ（ルードルフ）・クロイツェルに捧げてしまった、というのである。しかし、これが事実であるかどうかは疑わしい。ただ、ブリッジタワーが、男前がよくて頑固でありながら、上品な性格の持ち主ではなかったといわれ、そうしたことに由来する彼の行動のいくつかがベートーヴェンの気にさわったのかもしれない。しかし、それよりむしろ（あるいはそれと同時に）、原因は、ブリッジタワーの演奏があまりにも誇張的、外面的であり、ときには作曲者の意志を無視して余計なカデンツァを挿入したりしたことにあるのではないだろうか。実際、チェルニーも、ブリッジタワーの演奏は誇張が多すぎたと伝えている。

クロイツェルの場合

そうしたときに、ベートーヴェンの頭に浮かんだヴァイオリニストがロードルフ・クロイツェルだった。しかし、この当時、ベートーヴェンは、クロイツェルとは会っていない。クロイツェルは、一七六六年にヴェルサイユで生まれている。父親は、マンハイム楽派で名を高めたアントン・シュターミツの弟子で、パリ音楽院の教授、しかもパリ・オペラ座のコンサートマスターという経歴を持つシレジア出身の人である。それだけに、クロイツェルの音楽的才能も急速に成長し、すでに十三歳のときにパリでヴァイオリン協奏曲を演奏して、楽壇をおどろかせるほどになっていた。父の死後に、パリでその後継者のような存在になったが、一七九八年にベルナドット将軍がウィーン駐在のフランス大使に赴任する機会に、その随員としてウィーンにゆき、ベートーヴェンと知り合ったのだった。ベートーヴェンも、その演奏に接して感心したし、クロイツェルも、ベートーヴェンの楽才を高く評価した。しかし、クロイツェルの滞在が短期間だったので、ベートーヴェンとの親密な交際は展開されなかった。

このようなわけで、ベートーヴェンは《クロイツェル・ソナタ》をもともとクロイツェルに演奏してもらおうということで作曲したのではなかった。ただし、献呈者として、なぜクロイツェルの名がベートーヴェンに浮かんできたのかわからない。しかし、ヴァイオリン音楽に関しては、ベートーヴェンは、クロイツェルの作品を研究してもいたので、そうした結果になったのかもしれない。

とにかく、一八〇四年十月の出版商に宛てた手紙では、ベートーヴェンは、このソナタをクロイツェルに捧げたいと記すようになったのである。その理由として、クロイツェルは上品で善良な人間であり、彼がウィーンに滞在していたときに、自分に大きな喜びを与えてくれたこと、自分にとっては、大部分の巨匠演奏家の、内面性がなくて外面だけの演奏よりも、彼の謙虚で気取らない態度のほうが好ましいからとしている。さらにつづけて「ソナタは、完全に能力のあるヴァイオリニストのために書かれたものだから、クロイツェルへの献呈は、誰よりも適切なのだ」と強調した。一八〇五年の楽譜の出版のときには、こうして、クロイツェルに捧げられた。ただ、作曲当時は、ベートーヴェンは、ブリッジタワーを「完全に能力のあるヴァイオリニスト」と認めていたことになりそうである。

ところが、クロイツェルのほうは、ブリッジタワーとベートーヴェンとのいきさつをある程度知っていたともいわれるし、彼の好みからこのソナタを高く評価しなかったという。加えて、チェルニーの言によれば、終楽章のマルカートの動機はクロイツェルの作品から借用されたものだという。このチェルニーの言をフリンメルあたりは否定しているが、事実とすれば、クロイツェルがこの作品に好感を持たなくなるのも当然だろう。とにかく、以上のようなことで、クロイツェルは、このソナタを生涯の間公開の席で演奏しなかったともいわれている。

なお、この曲の草稿は失われてしまったが、それにはブリッジタワーの出生を風刺して「混血のソナタ」と記されていたという。また、出版のときのタイトルには「ほとんど協奏曲のように、きわめて協奏ふうなスタイルで書かれた、ヴァイオリン助奏を持つピアノのためのソナタ」とイタリア語で記された。ベートーヴェンは、元来は「きわめて協奏ふうな」のつぎに「華麗な」という語を入れようともした。このことからも知られるように、ベートーヴェンは、このソナタがこれまでのヴァイオリン・ソナタと違った面を持つことを、ここで強調したかったのであろう。そして、そうした面は、ブリッジタワーやクロイツェルの作品に負うところが大きかったに違いないし、やがてヴァイオリン協奏曲への道に結びつくのでもあった。

クレメントの場合

とにかく、このベートーヴェン唯一のヴァイオリン協奏曲は、一八〇六年末にかなりの短期間で書きあげられた。ベートーヴェンは、この曲を当時二十六歳のヴァイオリニスト、フランツ・クレメントのために作曲したのである。クレメントは、ウィーンで生まれ、一七八八年にウィーンでデビューしている。一八〇二年からは、アン・デア・ウィーン劇場のコンサートマスターに就任した。その演奏は、優雅で柔和な表情を持っていたという。ベートーヴェンのヴァイオリン協奏曲にそのような面があるのは、このためであろう。

ベートーヴェンは、このクレメントの演奏をすでに一七九四年にきいている。そのときは、クレメントのノートにサインをしてやって、クレメントを喜ばせもした。クレメントは、アン・デア・ウィーン劇場に籍を置くようになってから、ベートーヴェンと接近するようになったのである。ベートーヴェンは、このヴァイオリン協奏曲ではしばしばクレメントと相談し、草稿を彼に捧げはしたが、出版のときに、なぜか楽譜を友人のシュテファン・フォン・ブロイニングに献呈してしまった。クレメントとの実質的な結びつきも、この協奏曲だけで終わってしまったのである。しかし、ベートーヴェンは、クレメントの名を忘れてしまったのではなくて、一八二四年の会話帳でも彼のことに触れている。そして、二七年には、死期の迫ったベートーヴェンをクレメントは訪問した。

ベートーヴェンは、一八一二年以来ウィーンを地盤にもするようになったシュポーアとも面識があった。シュポーアのほうは、自伝でベートーヴェンとの交際の模様を詳細に記述しているが、ベートーヴェンは、シュポーアのためにヴァイオリンを用いた曲を一曲も書いてやらなかった。ただ、一八一五年五月にシュポーアが大規模の演奏旅行にでかけるというとき、送別の挨拶として、シラーの詩によるカノン《苦悩は短い》を即興的に書いてやったにすぎない。

ベートーヴェンは、ヴァイオリン演奏の面では、ピアノほどすぐれた技巧を持っていたわけではなかった。それでも、私的にヴァイオリンの演奏を楽しむという機会はあったらしい。ボンの時代の一七八九年には、宮廷管弦楽団にヴィオラ奏者として加わっていたこともある。ウィーンにでてからは、ヴェンツェル・クルムホルツについてヴァイオリンを学び、しばしば自作のヴァイオリン・ソナタ（作品一二のことらしい）を演奏していたとも伝えられる。しかし、そのヴァイオリンの演奏は、けっしてほめられたものではなく、運指法も間違っていたという。しかし、ベートーヴェンは、さらにシュパンツィヒにもヴァイオリンとヴィオラを学んだことがある。

このようなヴァイオリンに対するコンプレックスが、ベートーヴェンのヴァイオリニストとの交際で無意識的な底流になっていたのかもしれない。ピアノでは、ベートーヴェンは自信はあったが、ヴァイオリンとなると、楽器のことを知っているだけに、欠点が気になったり、文句をつけたくなりながら、それをなかなか口に出せなかったのだろうとも考えられる。ヴァイオリン曲がベートーヴェンに少いのも、わかるような気がする。

なお、ヴァイオリンと管弦楽のためのロマンス作品四〇は、往年の学者フェティスあたりが発言したことから、ロードのために作曲されたものと、かつてはいわれていたが、これは間違いで、フェティスは、このト長調のロマンスと作品九六のト長調のソナタとを混同したのだろうとされている。ロマンスは、現在では一八〇二年あるいはそれ以前の作品とみなされているのである。

第14話　コントラバスとマンドリン

コントラバスのパガニーニ?!

ベートーヴェンがウィーンに定住して間もなくの一七九九年（九八年という説もあるがこれは誤りらしい）に、著名なコントラバス奏者のドラゴネッティがウィーンにきた。このドメニコ・ドラゴネッティは、一七六三年にヴェネツィアで生まれているというから、ベートーヴェンよりは七歳ほど年長である。コントラバス奏者の父親から手ほどきを受けたのち、ほとんど独学でこの楽器を習得した。一七八七年にサン・マルコ教会に就職したが、すでにこの楽器の巨匠的な演奏家としてその名は知れわたっていた。九四年には、イギリスに演奏旅行にでかけ、大成功を収めて、その結果、ロンドンの王立歌劇場と管弦楽団の密接な関係を結ぶことになったのだった。それにつづいて間もなく、ドラゴネッティは、チェロ奏者のリンドレー（一七七六～一八五五）と組んで、ロンドンでさらに多面的な活動をするようになる。一七九五年には、ロンドンに滞在していたハイドンとも知り合い、このハイドンのすすめもあって、やがてウィーンを訪問したというわけである。

ドラゴネッティは、その後も、一八〇八年と一三年にウィーンを訪れている。そして、一八四六年四月十六日にロンドンで生涯を閉じた。

このドラゴネッティは、コントラバスのパガニーニともいわれた人で、チェロの曲を好んでコントラバスで演奏するほどの抜群の技巧の持ち主だった。室内楽の場合にも、チェロのパートをコントラバスで演奏したという。ドラゴネッティがウィーンを一七九九年春に訪れ、同市に数週間滞在したときにも、同じようなエピソードがのこっている。このウィーン訪問で、いかなるきっかけによるのかはっきりわからないが、ドラゴネッティは、早速ベートーヴェンと知り合うようになった。そして、ある朝、ドラゴネッティは、ベートーヴェンの部屋を訪れたときに、ベートーヴェンは、自分のソナタを演奏してほしいとドラゴネッティに頼んだ。そして、コントラバスを取ってこさせ、作品五の二のチェロ・ソナタが演奏されることになったのである。ベートーヴェンは、ピアノを担当しながらも、コントラバスを奏するドラゴネッティにじっと目を注いでいて、終楽章のアルページョのところでは、ひじょうに喜び興奮し、最後のところで跳びあがり、ドラゴネッティとその楽器を抱きかかえたという。

こうした技巧をもつドラゴネッティから、ベートーヴェンは、コントラバスの技巧の可能性とか奏法などについて、教えを受けたという。しかし、それがどのようにしておこなわれたかとか、どの程度までのことであったのかは、詳細には伝えられていないようだ。ただ、第五交響曲の第三楽章スケルツォのトリオでの独創的なコントラバスの活用は、ドラゴネッティとの交際と多分に関係しているとも考えられている。さらに、第九交響曲の終楽章でのコントラバスを使った叙唱的な動きも、イギリスの音楽家ジョージ・スマート卿がベートーヴェンに会ってきいたこととして、ドラゴネッティのために書かれたものだと伝えられている。

一八一三年にドラゴネッティがウィーンにきたときには、ベートーヴェンは、すでに大家になっていた。そして、その十二月八日にベートーヴェンの《ウェリントンの勝利》が初演され、それが大評判だったので、十二日に再演されてもいる。その二つの演奏会で、ドラゴネッティは、ベートーヴェンのために協力し、コントラバス奏者として、オーケストラに加入したのだった。

さらに、一八四五年にボンでベートーヴェン音楽祭が開かれたときには、すでに八十二歳のドラゴネッティは、ベートーヴェンへの友情および敬意から、そのときのオーケストラの首席コントラバス奏者を買ってでたのだった。

コントラバスに関しては、ベートーヴェンは、たしかにドラゴネッティの存在を大きくマークしていたに違いない。しかし、ベートーヴェンは、この楽器をオーケストラ以外で活用することをしなかった。この点からみて、ベートーヴェンは、コントラバスという楽器の限界を感じていたのでもあろう。

ハープとマンドリン

弦楽器といえば、ベートーヴェンがあまり好んでいなかった、あるいは性能を高く評価していなかったと考えられるものに、ハープがある。そして事実、ベートーヴェンは、ハープを用いた室内楽曲を作曲していないし、ハープを加えた管弦楽曲もほとんど書いていない。ただその例外といえるものは《プロメテウスの創造物》のなかの音楽である。それがいかにも大家らしく、さすがに効果的に使われている。十九世紀初頭のオーケストラでのハープの使用例の貴重な文献でもある。

ベートーヴェンは、めずらしくマンドリンの曲を四曲のこしている。もっともそれらはみな、ベートーヴェンの初期の創作期に属する作品である。そして、マンドリンは、ベートーヴェンの時代には、かなり広く家庭で愛好されていた楽器だったのである。そうしたこともあって、ウィーンにでてからベートーヴェンが交際した人たちのなかには、マンドリンを愛好していた人が何人かいたともいわれている。そしてまた、十八世紀から十九世紀にかけては、マンドリンは、大作曲家たちから大いに注目されていた楽器でもあった。

マンドリン作品の歴史

マンドリンは、リュート属の楽器であって、中世の時代に出現したマンドーラを直接の先祖とする。このマンドーラは、とくに十六世紀から十八世紀にかけて広く普及し、十九世紀はじめまで愛好されていた。そして、十九世紀末にイタリアでマンドーラを改造してマンドリンが製作されたのだった。このマンドリンは、ミラノとナポリでそれぞれ発達していったが、結局は、ナポリ式のものが改良を重ねながら存続していったのだった。

こうしたマンドリンのための芸術的な音楽のもっとも古い例は、フランチェスコ・コンティーニが一七〇〇年ごろに書いた独奏マンドリンのためのソナタに求めることができる。オペラでは、ボノンチーニが一七〇七年に早くも《スペインの勝利》という作品でマンドリンを使用している。そしてこの楽器は、セレナードに似た気分をだすのに好適であったために、その後も多くの作曲家のオペラで使われたのだった。そのいくつかの例をあげてみると、パイジェッロ(セヴィリアの理髪師、一七八二年)、モーツァルト(ドン・ジョヴァンニ、一七八七年)、オーベール(フラ・ディアヴォロ、一八三〇年)、ヴェルディ(シチリアの晩禱、一八五五年、オテロ、一八八七年)、レズニチェック(ドンナ・ディアナ、一八九四年)、ファリャ(はかなき人生、一九〇五年)、プフィッツナー(パレストリーナ、一九一五年)などがある。また、ヘンデルは、オラトリオ《アレクサンダー・バールス》(一七四八年)でマンドリンを要求したし、ハッセとヴィヴァルディは、同じころにマンドリン協奏曲を作曲した。

それでも、この十八世紀前半には、マンドリンは、まだイタリアだけの楽器と考えられがちだった。それが十八世紀後半になると、イタリアのすぐれたマンドリンの演奏家たちがフランス、ドイツ、オーストリア、イギリスなどに旅行して、マンドリンを急速に普及させていったのである。それに加えて、この楽器のもつ優雅な音がロココ的な趣味に合ったのか、ウィーンではとくにマンドリンは愛好されたのだった。モーツァルトは、一七八〇年に、マンドリン伴奏の歌曲を二曲書いている。またアルブレヒツベルガーは、ベートーヴェンの対位法の先生としても知られているが、この楽器のための協奏曲も作曲した。さらに、ベートーヴェンと同時代のピアノの演奏家で、モーツァルトとクレメンティの門下に属するヨーハン・ネーポムク・フンメルも、マンドリンのためのソナタをのこしている。

こうした時期だったので、ベートーヴェンがその初期にマンドリンの曲を書いても、けっして不思議ではないわけである。ただ、ベートーヴェンは、その後はマンドリンには目を向けなかった。やはり、この楽器のもつ限られた表現能力にベートーヴェンはあき足らなかったのであろう。それと同時に、世間でも、マンドリンの人気が次第に落ち目になってきて、それに代る家庭用の楽器として、ピアノが幅をきかせてきたのでもあった。

実際に、マンドリンは、ロマン派の時代になってから、オペラを除いては段々と作曲家たちから忘れ去られるようになり、すぐれた作品に恵まれなくなったのである。しかし、十九世紀末近くなってから、特殊な楽器を活用する傾向に乗って、またマンドリンは注目されはじめ、オペラのほかにも、管弦楽のなかでも使われることが多くなったのである。マーラーなどは、第七番と第八番の交響曲のほかに《大地の歌》でもこの楽器を使っている。ただし、イタリア的あるいはスペイン的な雰囲気や情感をだすためにマンドリンを使う例は、イタリアやスペイン以外にも、フランスあたりの作曲家のもので、しばしばみられる。しかし、ベートーヴェンの作品は、ことさらにそういう情感をだそうとしたものではないのである。

マンドリンの名人

ベートーヴェンののこした四曲は、みなチェンバロを伴って演奏されるところにも特色がある。ベートーヴェンは、マンドリンのようなデリケートな楽器には、音色的にもまたバランスの上からもチェンバロがもっとも適すると考えたのである。しかも、両者とも、発音的な原理では同種に属する楽器なので、異和感をもたらさない。

ベートーヴェンがウィーンにでてから親交を結んだ人に、ヴェンツェル・クルムホルツ（一七五〇?〜一八一七）というボヘミア出身のヴァイオリニストがいる。その兄のヨーハン・バプティスト・クルムホルツ（一七四二〜九〇）はハイドンに師事したこともある作曲家でまたハープの巨匠的な演奏家でもあり、その父親は、パリでフランスの軍楽隊の隊長をつとめていた人である。ヴェンツェル・クルムホルツは、一七九五年ごろにウィーンにでてきたといわれ、九六年からウィーンの宮廷歌劇場の管弦楽団のメンバーになった。このクルムホルツとベートーヴェンがいつごろから知り合ったのか正確なことはわからない。とにかく、ベートーヴェンは、このクルムホルツからヴァイオリン奏法を教わったり、作曲上の助言を受けたりしたこともあったという。

さらに、ベートーヴェンに少年チェルニーを紹介し、弟子入りさせたのも、このクルムホルツだった。クルムホルツは、それ以前の一七九七年から、チェルニーの家に毎晩のように入りびたっていたのである。また、ボヘミア出身の若い作曲家でチェロ奏者のヨーハン・エマーヌエル・ドレッツアレク（一七八〇〜一八五八）がベートーヴェンと交際し、その結果としてベートーヴェンに関する多くの事柄が報告されるようになったのも、このクルムホルツが彼をベートーヴェンに引き会わせたからこそである。

ここでクルムホルツのことを突如として話題にだしたのは、この人が実はマンドリンの演奏の名人だったからである。ベートーヴェンは、クルムホルツからの作曲上の意見をそれほど高くは評価していなかったようであるが、この人との交際で、マンドリン演奏およびその音楽に対して関心を深めることにはなった。

もともと、ベートーヴェンがどの程度までマンドリンに関心をもっていたのかはわからない。旧版のセイヤーのベートーヴェン伝では、ベートーヴェンは、一七九八年にアメンダとミリヒという二人の音楽家と友人になり、このゴットフリート・ハインリヒ・ミリヒ（一七七三～一八三四）から、マンドリンについて教えられたとされている。しかし、ミリヒは、ヴァイオリンとヴィオラのほかにギターを演奏することができ、マンドリンとは関係がなかったことがはっきりしてきている。そして実際のところ、ベートーヴェンののこした四曲のマンドリン曲の成立は、このミリヒとは無関係であり、ミリヒと知り合う前の時期にあたっている。

四曲のマンドリン作品

キンスキー＝ハルムの作品目録では、作品番号なしの作品（ＷｏＯ）として、この四曲がつぎのように整理されている。

WoO四三——ハ短調ソナチネと変ホ長調アダージョ
WoO四四——ハ長調ソナチネとニ長調の変奏曲

このうちのハ短調のソナチネと変ホ長調のアダージョは、一七九六年ごろに、おそらくクルムホルツのために作曲されたらしいとされている。つまり、ミリヒがベートーヴェンの前に出現する以前の作である。ハ長調のソナチネとニ長調の変奏曲は、やはり一七九六年の作であるが、どうも直接にはこのクルムホルツとは作曲の動機においての関係はないらしい。しかし、マンドリンの達者な人がいたので、この二曲が書かれたのは事実である。

一七九六年二月から六月にかけて、ベートーヴェンは、ウィーンからプラハに演奏旅行にでかけている。もっとも、リヒノフスキー侯とともにプラハにきて、侯のおかげで、プラハではかなり大らかな生活を味わうことができた。このプラハ滞在中には、ベートーヴェンは、貴族のサロンなどで演奏して、収入をえてもいた。そうした貴族の一人にクラム＝ガラス伯爵がいた。この伯爵は、自邸でしばしば音楽の集いを催し、また自身芸術の保護者をもって任じ、ピアノが達者であり、管弦楽団をも抱えていて、音楽のためには出費を惜しまないといった種類の金持ちの貴族であった。なお、その長男は、のちにプラハ音楽院の設立者のひとりとなった人で、一七九七年十一月二十日にクラーリ伯爵令嬢ヨゼフィーネと結婚することになっていた。そうしたこともあり、またヨゼフィーネがアマチュアながらすぐれた歌手でもあったので、ベートーヴェンは、ヨゼフィーネとも親しくなったのである。ヨゼフィーネは、ベートーヴェンよりも七歳年下だった。

このヨゼフィーネは、実はマンドリンの演奏にかけても、素人ばなれした立派な腕前をもっていた。こうしてベートーヴェンは、ヨゼフィーネのために、管弦楽の伴奏をもつ演奏会用アリア《ああ不実なる人よ》（作品六五）を書きあげたほかに、マンドリン用のソナチネと変奏曲を作曲したのだった。

このWoO四三とWoO四四のどちらがさきに作曲されたのかという疑問も生じてくる。ところが、二十世紀になって、クラム＝ガラス家の蔵書のなかから、WoO四三に属するアダージョに補筆し「アダージョ・マ・ノン・トロッポ」と直して「美しきヨゼファのために」と記したベートーヴェンの自筆楽譜が発見されたのである。WoO四三の二曲をクルムホルツに演奏させようとして書いたのであれば、WoO四三は、おそくとも一七九六年二月以前に作曲されたという推理も成立する。そして、それと同時に、ベートーヴェンがクルムホルツと交際するようになった大体の年代も知られてくるわけである。

とにかく、ベートーヴェンは、プラハでの生活を充分に楽しんだらしい。そして前作の歌曲《アデライーデ》（一七九五年から翌年にかけての作品）が早くもプラハでひじょうに愛好されていたことも、ベートーヴェンの気をよくしたもののようである。しかも、この《アデライーデ》は、ギターやマンドリンの伴奏の形にもされて普及されていた。このような情勢でもあったので、ベートーヴェンはプラハでのマンドリンの流行をいち早く感じとり、またクラーリ嬢のためにマンドリンの曲を書いたのも、きわめて当然のことだといわなければなるまい。ただし、ベートーヴェンがこの令嬢をどの程度に讃美したのかは、具体的には伝わっていない。

以上のような事情で、ベートーヴェンのマンドリン音楽が四曲誕生したのである。このような作曲の遠因には、またベートーヴェンの先生でもあったアルブレヒツベルガーがマンドリン曲を数々作曲していたこともあげるべきだろう。そして、ベートーヴェンがマンドリンの音楽を書くにあたって、この先生から全然影響を受けなかったとは断言できないところでもあろう。

ところで、クルムホルツは、一八一七年五月二日に歩行中に卒中で急死した（フリンメルの『ベートーヴェン・ハントブーフ』では五月十二日となっているが、これは誤植だろう）。ベートーヴェンは、青年ヒルシュに和声を教えていたときに、この死亡の報告をきき、たいへんなショックを受けたという。そして、その翌日に、シラーの『ウィリアム・テル』から歌詞をとり「死は人間に突然襲った」という男声三部の曲を音楽学者フランツ・カントラーのノートに書きつけたのだった。これは、十二小節の小品であるが、友人の死を悼むベートーヴェンの作品として貴重なものであり（WoO一〇四）、カントラーの死後にウィーンの楽譜蒐集家アロイス・フックスの所有に移され、一八三九年にシューマンがウィーンに滞在し、フックスを訪問したときに再発見され、シューマンの力でその音楽雑誌「新音楽時報」一六月号の付録で発表されたのだった。この付録には、ほかにシューベルトとウェーバーの新発見された曲も収められていた。

第15話　ダンス音楽への愛着

ダンスの教師

ベートーヴェンがウィーンに進出をはじめたころ、ウィーンにはアンドレアス・リントナーという人がいた。この人の詳しい経歴は知られていないようだが、とにかく当時ウィーンでダンスの教師をしていた。そして、ベートーヴェンの古いノートブックのなかに、その名前が記されているのである。ベートーヴェンは、そのノートブックに自分の青年時代にウィーンでしたことをメモしておいたのである。そこには「アンドレアス・リントナー、ダンスの教師、シュトース・アム・ヒンメル第四一五番地に住む」とだけ書いてある。

ベートーヴェンとこのリントナーとがどのような関係にあったのかは、具体的にはわからない。しかし、ウィーンに定住するようになったベートーヴェンが、ダンスを習って社交的な教養を補充しようと考えたことは充分に想像できる。ただ、実際にベートーヴェンがリントナーのもとに弟子入りしたかどうかは疑問であるし、かりにダンスの手ほどきを受けたとしても、思うような向上の段階にまでは至らなかったらしい。リースによれば、ベートーヴェンは、拍子に応じて踊ることを習得できなかったという。運動神経がよいとは思えないベートーヴェンとしては、それは当然のことだとも思えるし、またこのことから、いかにもべートーヴェンの野人ぶりがうかがえもする。そして、おそらくベートーヴェンの気持としては、ダンスを習おうとは思ったものの、音楽以外のことで、いまさらレッスンを受けることに積極的でなくなってしまったのだろう。

ウィーン初期の舞踊作品から

それだからといって、ベートーヴェンがダンスに無関心だったとはいいきれない。現在のところ、ベートーヴェンが舞踏会に消極的ではなくて出席したということには確証がないようだが、出席したことは充分にありうることだとされている。それに加えて、ベートーヴェンは、ダンスの音楽にはしばしば関心をみせているし、ダンス音楽をいろいろと書きもした。しかし、ベートーヴェンは、ウィーンにでる前には、故郷のライン地方の独得なリズムを持つ民謡以外には、民俗的な音楽を、まして民俗的なダンス音楽を全然知らなかったという。これは、ベートーヴェン自身が語ったこととして、シントラーが伝えていることである。逆にいえば、ベートーヴェンは、ウィーンにでてから数多くのダンス音楽に接する機会をえたということにほかならない。こうして、一七九五年ごろから一八〇二年にかけて、ベートーヴェンは、数々の舞曲を作曲していった。たとえば、そのおもなものはつぎの通りである。

十二のメヌエット（一七九五年作、ＷｏＯ七）

十二のドイツ舞曲（一七九五年作、WoO八）
六つのメヌエット（一七九五年作？、WoO九）
七つのレントラー（一七九八年作？、WoO一一）
十二のドイツ舞曲（一七九六～九七年作？、WoO一三）
十二のコントルダンス（一八〇〇～〇一年あるいはその翌年作、WoO一四）
六つのレントラー（一八〇二年作、WoO一五）

この時期になぜベートーヴェンの舞曲が集中して生まれることになったのだろうか。一八〇九年から翌年にかけての軍楽のためのいくつかの作品を別として、ベートーヴェンは、これ以後には、舞曲をこのような頻度では作曲しなかった。この時期の舞曲のいくつかを、ベートーヴェンが、たとえばウィーンの造型芸術家年金協会主催の仮面舞踏会のために作曲したのは事実である。そのほかのものも、何かの機会で書かれたのであろう。

考えてみると、この時代には、すでに以前のような器楽用の多楽章のセレナードやディヴェルティメントは、衰退の道をたどっていた。ベートーヴェンにディヴェルティメントがなく、少数のセレナードが残っているにすぎないのは、そうした理由が大きく関係している。上流社会と交際している作曲家にも、そのような種類の作曲の注文は、めっきり少なくなってくる。その代り、上層階級でおこなわれる舞踏会のための作品が依頼されるようになった。こうしたことが、ベートーヴェンにもあてはまり、また晩年のモーツァルトにも成立する。

シューベルトもその例外ではなかった。そして、ベートーヴェンの場合には、創作の転換期の一八〇二年をすぎると、人類のための芸術という高邁な見地もあって、よほどのことがないと、そのような種類の舞曲は書かれなくなってくるのである。

それに加えて、一七九五年から一八〇二年というと、ベートーヴェンは、多楽章の曲でメヌエットの楽章をスケルツォのものに移行させていたときでもあった。それだけに、メヌエットにはまだ名残りを感じていたのかもしれないし、また踊るための音楽に関心をよせることになったのだろうとも考えられる。

しかしまた一八〇二年をすぎると、ウィーンの舞踏会では、メヌエットやレントラーよりもむしろワルツが次第に勢力を持つようになってくる。このような事情も、ベートーヴェンが実際の舞曲から遠ざかっていった理由を解明する鍵になるのではないだろうか。

ウィーンのワルツ（むしろヴァルツァー）は、オーストリアのアルプス地方で好まれていた三拍子の舞曲を直接の先祖とするといわれる。しかし、それに他の多くの舞曲の要素が加わったことは充分に考えられる。ウィーンのワルツは、きくための音楽というよりも、踊るための音楽として発達していった。それをさらに芸術的に高いものにしたのがワルツ王といわれるヨーハン・シュトラウス二世であったことはいうまでもないが、シュトラウスが楽団をつくってデビューしたのが一八四四年なので、ベートーヴェンは、もちろんワルツの最盛期には在世していなかったわけである。

とにかく、ワルツの踊りも、他の踊りから多くの影響を受けてできあがったものなのである。たとえば、フランス革命後のメヌエットが官能的で情熱的な輪舞に変化していったことも、ワルツの踊りとは無縁のことではなかった。ベートーヴェンがワルツを踊ったかどうかわからないが、たとえメヌエットを踊るにしても、リズム感はよくても、旋回とか転回といった動きを得意としなかったことで、前記のリースの回想のように、ベートーヴェンはダンスがうまくなかったという報告がなされたのであろう。その反面、ワルツがウィーンの人たちから愛されるようになったのは、こうした旋回的な踊りに実は大きな原因があったのである。それに加えて、これまでの踊りにないような男女の抱き合う踊りかたと、踊り回ると女性のイヴニング・ドレスのスカートの裾が朝顔のように広がって、男性の目を楽しませたことも、ワルツの流行に拍車をかけることになった。

ウィンナ・ワルツ

ウィーンのワルツは、当然ウィーンを中心にした社会情勢とも密接に結びついて発展していった。このウィーンで、ワルツの名称が初めてオペラにあらわれたのは、ヨーゼフ二世統治下の一七八六年であったという。このときには、ある作曲家のオペラのなかに、メヌエットの代りとしてワルツが挿入されたのだった。ワルツの名称がウィーンで一般的になったのはもっとのちのことであるが、このオペラのなかのワルツは、それが上演された宮廷歌劇場の観客の反対にあうどころか、魅力を持つものとして歓迎されさえもしたのだった。イタリア色の濃いウィーンのオペラ界に新風をもたらしたともいえるし、メヌエットの静的で典雅なのにくらべて、ワルツの官能的な新鮮味がウィーンの人たちの興味をひいたものらしい。

一七八九年にフランス革命が発生し、九〇年にはヨーゼフ二世が死去し、レーオポルト二世がオーストリア皇帝に就任した。ナポレオンが指揮官として頭角をあらわしはじめるのが一七九六年で、九九年には彼は第一統領に就任した。この九九年に結成された第二次対仏大同盟は、ロシア軍の敗退に伴って、オーストリアをも敗北に導き、一八〇一年のリュネヴィルの和約という事態を招く。これでオーストリアは、領土を失ったと同時に、舞曲においても、フランス趣味と隔絶したものをとくにウィーンで発展させることになった。その中心の舞曲となったのがワルツだったのである。年代的にいっても、ベートーヴェンが踊る舞曲の世界から遠ざかっていったのと合致する。

それ以後の情勢をもう少しながめてみると、一八〇四年にナポレオンはフランス皇帝となり、ベートーヴェンは交響曲第三番を完成している。そのころウィーンの上層市民は、ワルツに生活の憩いを見出していた。くしくもこの年に、ワルツの父とのちに呼ばれることになった、ヨーハン・シュトラウス一世が誕生している。一八〇五年からは、続々と有名な豪華な舞踊会場がウィーンに建設された。ウィーン人に対して「死ぬまでワルツを踊る」という形容が生まれたのはこのころである。後年にシュトラウスの牙城となったシュペールのホールは、一八〇七年に造られたもので、翌年にはヨーロッパ最大といわれる舞踊会場のアポロザールが開場した。このころに、ワルツの隆盛は初期のピークに達した。

しかし、一八〇九年五月から秋にかけて、フランス軍は、ウィーンを占領してしまった。

このときにベートーヴェンがやはり戦争騒ぎを体験していたことはいうまでもない。ハイドンは、フランス軍のウィーン入城直後の五月三十一日に息を引きとっている。そして、翌年にはウィーンの治安はまた回復し、ワルツも盛況をとりもどしてくる。ある晩には、ウィーンの人口の約四分の一の五万人がワルツを踊り狂っていたともいう。

一八〇九年のウィーン和約から、メッテルニヒがオーストリアの外相となり、いわゆるメッテルニヒ政策が確立されはじめてくる。ウィーンは、革命的な思想や行動を防ぐあまり検閲制度を設け、市民たちを踊りに熱中させて革命に関心を抱かなくなるようにさせた。このときベートーヴェンは、テレーゼ・マルファッティとの結婚を真剣に考え始めていた。一方で、市民のワルツへの熱狂は、一八一四年から翌年にかけてのウィーン会議の時期に大きな頂点を築くことになる。メッテルニヒは、国費を投じて毎晩のように豪華な舞踏会を催し、列国の高官や外交代表などを招待し、そのかげでイギリス、ロシア、プロイセンとともに重要問題を決定していったのである。ウィーン会議終了後しばらくして、ヨーゼフ・ランナーとヨーハン・シュトラウス一世がワルツの作曲者および奏者として頭角を示し始め、やがてシュトラウスの息子たちに受け継がれてゆく。シュトラウス一世は、初めはランナーと協力していたが、一八二五年にランナーと衝突して別れ、十四名からなる独自の楽団を組織し、しだいにウィーンの人たちから人気をえてくるのであった。

ウィーンのワルツはこのような歩みをつづけてゆくわけだが、一口にワルツといっても、その様式は時代とともに変化していった。たとえば、一八〇九年ごろまでのいわゆる初期のワルツは、シュトラウス時代のものよりもずっと速いテンポで演奏されていたのである。そして、こうした速いテンポのワルツがウィーン以外の地方にも普及してゆき、それぞれの地方色を入れながら、愛好され存続されていったのである。たとえば、一八一九年にウェーバーは、ワルツのリズムを用いた《舞踏への勧誘》を作曲している。

祝賀のメヌエット

ベートーヴェンは、さらに後年にもう一曲、管弦楽のための舞曲を残した。それは《祝賀のメヌエット》と呼ばれる一八二二年秋の作品である（ＷｏＯ三）。ベートーヴェンのダンスのための音楽が、これまで三〇小節前後の小品をいくつか集めたものになっているのに対し、この《祝賀のメヌエット》は、一〇八小節という長大なものである。

当時ウィーンのヨーゼフシュタット劇場の監督をしていたカール・フリートリヒ・ヘンスラーは、劇場という媒体を通して、ベートーヴェンと交際があった。そして、このヘンスラーの命名祝日が十一月四日だった。ヘンスラーは、多方面から好意を持たれていた人物らしく、その祝日の前夜に仲間たちによるお祝いがおこなわれた。「ウィーンの舞台の日記」のなかの一八二二年十一月九日の「劇場時報」で、その模様がつぎのように報告されている。それによって、ベートーヴェンの《祝賀のメヌエット》の特殊な成立の由来が知られるのである。

誠実な監督カール・フリートリヒ・ヘンスラーの命名祝日は、彼の仲間たちにより、その詳細を知ってもたしかに気分がいいというようなふさわしい方法で、気持のいい人たちの上品な感情をもって祝われた。行事が終わり、劇場に集まった人たちが去ったあとで、舞台は趣味よく照明を施され、飾りつけられた。——その背後には、比喩的な図形と銘とで囲まれ、美しい花環を巻きつけられたヘンスラーそっくりの肖像が輝いていた。仲間たちはみな集まり、女性は白、男性は黒の衣装を身につけていた。トランペットと太鼓の奏楽のなかで、舞台監督のフィッシャー氏と楽長のドレヒスラー教授は、ヘンスラー氏を家から劇場に先導し……（中略）それに加えて、ヘンスラー氏が自分の家にやっと入ろうとしたときに、窓の下の道路に集まったオーケストラの楽員たちにより、楽長ドレヒスラー教授のメロドラマ《放蕩息子》の美しい序曲の演奏がはじまり、それにつづいてすぐれた演奏のフルート協奏曲があり、それから楽長グレーザー氏のたいへんに立派な序曲が奏され、そして最後に、この晩のためにとくにルートヴィヒ・ファン・ベートーヴェンが心をこめて新たに作曲したシンフォニーが演奏された。この偉大なる作曲家のヘンスラー氏に対する賞揚がいかに愛想のいいものであったかについては、もはや論議するまでもない。オペラ《ティトゥス》からの行進曲と合唱が全体をしめくくったのだが、その合唱は、祝賀の目的のために新たに適するように作られた歌詞を持ち、全合唱団員によって情熱をこめて歌われた。集まった仲間たちすべてのふさわしい監督に対する共通の喜び、深く心から示された愛情と忠誠心は、ヘンスラー氏が作詞し、何年もの間愛好されてきた民謡にみられる、次のような格言の真理のもっとも麗しい証明であり、完全な確証となっている。「ドイツ人の誠実と信義は、われわれにとってきわめて広範に適合しているのだ」。

この文章でベートーヴェンのシンフォニーとされているものは、実は《祝賀のメヌエット》である。そして、いろいろの曲とともに、セレナードのひとつの楽章のようにして演奏されたのだった。ただしその晩には、ケルントナートール劇場で《フィデリオ》が上演されていたので、ベートーヴェンはこの祝賀には参加しなかった。そして翌日の劇場でのヘンスラーを祝う食事の会には出席している。

なお、この曲は、生前には出版されず、一八三二年になって遺作としてアルタリア社から出版された。そのときには、これは、ベートーヴェンの晩年の相談相手のひとりだったヴァイオリニストのホルツに献呈され、元来のテンポ・ディ・メヌエット・クヮジ・アレグレットがたんにアレグレットとされていた。

エピローグ 「歓喜」の背景――日本人とベートーヴェン

昭和五十八年、つまり一九八三年はブラームスの生誕一五〇年、ワーグナーの生誕一七〇年、死後一〇〇年にあたっていた。ウィーンあたりでは、それを記念して大々的にブラームス研究会を催していたし、夏のバイロイトのワーグナーの作品による音楽祭も例年になく活気を呈していた。それに、ドイツやオーストリアの音楽雑誌もこぞってこの二人の作曲家の特集を組み、教えられるところの多い論文を掲載していた。たしかに、一九八三年のドイツやオーストリアは、ブラームスとワーグナーにあふれていたといっても過言ではないだろう。

しかし日本は、この二人の作曲家をいつもより多く話題にしたものの、大きな盛りあがりをみせたわけではなかった。日本ではブラームスやワーグナーは、まだモーツァルトやベートーヴェンほどには一般化していないといえそうである。そういえば、かつての一九七〇年のベートーヴェン生誕二〇〇年のときには、日本のそれぞれのオーケストラや新聞社あたりが、それを記念して大々的な企画をたてていた。そして、一九九一年のモーツァルト死後二〇〇年をめざして、さまざまなプランが練られているともいう。

古典派とロマン派

ところでいうまでもなく、モーツァルトとベートーヴェンは古典派の作曲家であり、ブラームスとワーグナーはロマン派の作曲家である。ここで古典派とロマン派の特徴を詳しく論じたてるつもりはないが、古典派の音楽は一般的にいって、合理的な形式の枠のなかで音楽的思考をこらす。しかも、その音楽は普遍性を尊重する。ただし、この普遍性は、低俗的なわかりやすさではない。

すでに封建制の時代から作曲家は、君主や領主およびその周辺の人たちの好みにたまには迎合しなければならないことがあったとしても、多くの人に理解されるものでないと、自分の地位に影響した。合理性と普遍性のなかで作曲家は実験を重ね、新しいことを求め、個性を盛りこんだ。ハイドン、モーツァルトの時代になって封建制が弱体化し、好むと好まざるとにかかわらず、多くの作曲家たちは自由人としての道を歩むことになった。そうなると、特定の個人からの依頼の場合はまず別にして、以前よりも数多くの大衆を考えなければならなくなり、ますます普遍性が強化されてくる。

ザルツブルクの大司教と訣別してウィーンに定住したモーツァルトは、その気持さえあれば多くの収入をうることができたかもしれないが、父親に手紙で何回も書いているように、作曲で安易な通俗性をできるだけ避けるようにしていた。エステルハージ家から解放されたハイドンは、ロンドンの聴衆のために十二曲の交響曲を合理的な形式のなかで書いて大成功を博し、その後には《天地創造》と《四季》という二曲のオラトリオで各地の聴衆の心をつかみ、さらにオーストリアのために国歌も書いた。

ベートーヴェンは、ロッシーニをはじめとするイタリア・オペラがウィーンを風靡しているなかにあって、その俗受けする流行に頑として同調しなかったし、ベートーヴェンの音楽がしかつめらしくて、きびしすぎ、ものものしいとして敬遠されても、よほどのとき（たとえば《ウェリントンの勝利》以外には、自分の信念を貫いた。その信念はベートーヴェンが述べたように、神の最高の啓示としての音楽、芸術そのものである音楽を書くことであり、できればそこに日頃のモットーである「苦悩を通じての歓喜」あるいは「闘争を通じての勝利」を盛りこむことだった。耳疾に悩まされ、身体の状態も思わしくないことが多くなってきた一八一〇年代後半以降のベートーヴェンの生活も、まさにこのモットーの実現を祈るような気持が基盤におかれていた。ただしそこには、一八〇二年の「ハイリゲンシュタットの遺書」で立ち直って根づいたベートーヴェンの不屈の精神力もあった。

ロマン派の時代になっても、ベートーヴェンがめざした普遍性とか理想主義が忘れられてしまったわけではない。なかでも交響曲ではその伝統は大体に守られていた。しかし、交響曲をはじめとして、音楽の形式は自由化してくる。これは、合理主義に対する反動でもあったし、作曲家が普遍性のみならず自我や独自の幻想も含めて、表出しようとする範囲を拡大し、既存の形式では満足できなくなったからでもある。

日本人の音楽志向

そして現在の日本はどうだろう。日本人はもともと短調の作品を好んでいた。大正時代からの、ヒットした流行歌は大半以上が短調である。日本の伝統音楽にも短調（陰旋法）のものがきわめて多い。十七世紀の箏曲の名作「六段」もそうだし、尺八や横笛の曲から陰旋法のものを除いたらまことに味気のないものになってしまう。十七世紀というと、ヨーロッパ音楽では初期から中期のバロックの時代である。ヨーロッパでは、後期バロックになって短調の作品が多くなりはじめる。それでも日本の音楽ほどではない。ヨーロッパでの短調嗜好は古典派に入ると弱まってきて、モーツァルトをへてベートーヴェンでまた目立ってくる。そして、ロマン派も最盛期になると、短調の作品は大体六〇パーセントから七〇パーセントになってしまう。

短調で自分の心情を吐露するというロマン的傾向はたしかにモーツァルトにも充分あったし、ベートーヴェンにもあった。しかも、ベートーヴェンにとっては、「苦悩」とか「闘争」を表出するのに短調はぜひとも必要なものだった。そして、それが壮大で明るい長調に向っていったときに、「歓喜」とか「勝利」になる。

日本人が短調を好むということの背景として、昔から多くの日本人には、現実を直視するよりも、そこにロマンを求める傾向があったということがあげられよう。山や森をロマン的な目で眺めて、その神聖さ、荘厳さ、美しさなどに感動し、健康的な幻想を追うというのは、日本人のほうがヨーロッパ人よりも時代的にいってずっと早かった。ヨーロッパでは、山や森には悪魔や魔女や妖怪がいて、近よりがたくこわいところと思われていた。そして、十八世紀後半から徐々に探検され、開発されて、山や森が庶民に親しまれるようになりはじめた。もうそのころには、日本では多くの山頂に神社や寺が建立されていたし、森を背負った形のそうした建物もあった。

しかし、日本人はロマンを好むとはいいながら、既存の枠から外れるような生活体制には概して反発することが多い。その反対の理由には、生活環境が乱されるとか、不便になるとか、生活権を侵害されるとか、いろいろあるだろう。しかしその奥底には、いままでやってこられたのだから、そのままでいいではないかという保守性が根づいていることも否定できない。新しい情況を希望と夢と幻想をもって率先して迎えるということを、なかなかしたがらない。いいかえると、従来の生活は不合理だらけなのだが、その不合理のなかの合理性を大切にしたがる。実生活でそうだから、情緒面でロマン的なものに憧れるし、彼岸の思想のように、「苦悩を通じての歓喜」には理想主義として大いに共感する。ここにベートーヴェンの音楽が入りこんでくる余地が生ずる。

音楽を書くという点では、ベートーヴェンは、モーツァルトやシューベルトよりも苦労し苦心し、考えぬいた。これは周知の事実だろう。一九八三年秋に東京のサントリー美術館で開かれたベートーヴェン展は、ウィーンの楽友協会からわざわざ運んできた貴重な物件をもとにしたもので、予想以上の観覧者を集めた。しかも、ベートーヴェン展にきた人たちの多くは、そこに陳列されている自筆楽譜（あるいはそのコピー）で、判読しにくいくらいに改訂されたり補筆されたりしたのをみて、ベートーヴェンほどの天才がそうなのかとあらためておどろいたり感心したりしたことだろう。

ゲーテのような偉大な人間でも、大作『ファウスト』をすらすらと書いたわけではない。手を加えたり書き直したりして、密度の濃い、論理的・進行的に矛盾のない作品に仕上げてゆくわけだが、それと同時に万人に訴える力の強いもの、万人を感動させるものを狙ったのである。そして、稿を重ねることで、こうした意図はたしかに達せられた。

天才が苦心して仕上げたものは貴重である。この天才ということと、人並み以上の努力ということは、たんにできあがった作品ばかりでなく、その作者に対しても、脱帽せざるをえない感じをおこさせる。営々として仕事をつづける働き蜂の日本人としてはとくにそうだろう。

その上、ベートーヴェンは、メッテルニヒの支配する、統制のきびしい、自由の乏しい政治には強い反感を抱いていた。政府側も、危険人物だとしてベートーヴェンに尾行をつけていたのである。そうしたなかにいたからこそ、もっと大きな自由と平和をベートーヴェンは音楽で歌いあげたのだった。晩年の《ミサ・ソレムニス》や《第九交響曲》がとくにその典型である。敗戦を体験し、苦しい生活を強いられ、いままた戦争の危険にさらされている日本人には、これらの大曲は、それこそ代弁者である。

《第九》の日本初演

そういえば、日本で《第九》が初演されたのは、大正十三年（一九二四年）十一月二十九日だったとされてきた。これは、東京上野の東京音楽学校の学生たちを主体として、同校の奏楽堂でおこなわれた。ところがそれより以前の大正七年六月一日に徳島で《第九》がすでに日本初演されていることが明らかになったのである。ただし、これは日本人によるものではなくて、ドイツ人たちによるものだった。それでも、《第九》の日本初演であることには変わりはない。この事実は、豊橋技術科学大学の冨田弘教授と徳島県立徳島中央高校の林啓介教諭の二十年がかりの調査によって判明したことで、その経緯と結果は出版された。そして、その事情は、一九八六年十二月二十四日付の朝日新聞夕刊で、同社編集委員の菊地育三氏の手で簡潔に報道された。以下、この記事を頼りにしながら、《第九》の日本初演を紹介しておこう。

大正七年（一九一八年）というと、その年の十一月に第一次世界大戦が終結するわけで、日本はすでに一九一四年にドイツに対し宣戦布告をおこない、すぐさまドイツ軍の駐留する青島（チンタオ）を攻略した。そのようなこともあって、日本の本土に多数のドイツ軍捕虜が送られてきた。たとえば、徳島県鳴戸市板東にあった収容所には千人程度のドイツ軍捕虜が抑留されていたという。そして、彼らのうちの音楽好きの人が集まって、オーケストラも組織された。このオーケストラは、徳島オーケストラと呼ばれていたようだが、どういう編成でどの程度の実力をもっていたのか、いまでは知るよしもない。そして、このオーケストラが母体となって、《第九》が演奏されたということが徳島で伝説的な話として伝わっていた。こういう点に林啓介先生は着目したわけである。

林先生がまず調査の手がかりにしたのは、昭和十八年に出版された音楽愛好家の徳川頼貞侯の著書のなかのつぎの一文である。

四国の徳島で《第九》をきくといったら不思議に思うだろうが、真実だ。ただ、その演奏者が日本人ではなくて、ドイツ人捕虜なのである。私も八月の暑いさかり、友人と徳島にでかけた。

もちろんこれだけでは正確な月日はわからない。当時のことだから、徳川家の侯爵が徳島あたりへ、しかも捕虜たちの演奏をききにでかけるとなると、徳島の警察も相当に厳重な警備をしただろうという想定で、林先生は、徳島の警察の記録を調べたのだった。案の定、大正七年八月十三日付の警備報告書に侯爵の訪問の記録があった。しかし、これだけではこの日が《第九》の初演なのか必ずしも断言できないわけである。

林先生は、その後ドイツにも調査のために赴いた。その一方で、冨田教授は、収容所内の生活状態や情報に興味をもっていたらしく、収容所内での発行紙などを調べているうちに、偶然に《第九》の演奏を予告するチラシを一九八二年に発見した。それには、「徳島オーケストラ第二回演奏会。八〇人編成の強力な合唱団の友好賛助出演。指揮、沿岸砲兵隊軍楽隊長ハンセン。独唱者、志願兵ヴェーゲナー、シュテパン……。第九交響曲の第一楽章から第四楽章までの解説。公開ゲネプロ（総仕上げ）は前日の五月三十一日」といったようなことが書かれていたという。

こうして林先生と冨田教授の調査がドッキングし、さらに本番の演奏会の二日前に、のちに大阪外語大の教授になったヘルマン・ボーゲル水兵が「ベートーヴェンの第九交響曲に添えて」と題した講演をおこなっていることがわかり、そのための十三頁にもおよぶ原稿も発見された。そして、徳川侯がわざわざ徳島まで《第九》をききに八月にでかけていることからみて、《第九》は好評につき再演されたわけなのだろう。

《第九》の演奏には、周知の通り、オーケストラにも合唱にも、かなりの人数が必要である。もしこれ以前に《第九》の初演がおこなわれていたとすれば、何らかの記録がのこっているに違いないし、当時の日本では日本人を主体にしてそれだけの規模の演奏会を開くこともまず不可能だった。このようなことから徳島が《第九》の日本初演の地とみることはまず妥当である。それに関する一九一八年（大正七年）の日程を整理してみると、つぎのようになる。

五月三十日　《第九》についての講演
五月三十一日　公開ゲネプロ
六月一日　《第九》の日本初演
八月某日　再演

なお、徳島での記録の大部分と指揮者ハンセンも加えた徳島オーケストラの写真は、鳴門市のドイツ館に保管されている。

徳島のドイツ軍捕虜たちは、《第九》を演奏し、歌い、きくことによって、長期にわたる抑留生活のなかで、慰めと希望と平和への憧れを求めようとしたのだろう。それにしても、そのときのパート譜や合唱団のための楽譜は、どのようにして調達されたのだろうか。このときの苦心の結果の貴重な楽譜は、どこかに眠っているに違いない。

年末《第九》のひろがり

《第九》の日本初演についてはこのくらいにして、《第九》が日本で年末の恒例行事となったのは、戦後の一九四七年からである。もちろん、そのころは、オーケストラの数が少なかったから、現在のように連日というわけではない。そしてその合唱も、当時は音楽学校、あるいは音楽大学の学生、またはそれに準じたグループが主体だった。

アマチュアの合唱団がどんどん歌うようになったのは、大体のところ一九六〇年代に入ってからである。それほどに《第九》の合唱は簡単なようでありながらむずかしいし、日本の合唱団の水準も著しく向上してきたわけでもある。アマチュアの合唱団の人たちのほとんどは、一度は《第九》を歌ってみたいと思っていたのが実現したわけだ。そして、そういう人たちが集まって、一九八三年末に大阪で一万人以上の合唱による《第九》が出現した。この未曾有の企画は成功し、それを毎年年末の行事にするとのことである。それはともかくとして、年末に《第九》を歌う人の数は、日本全体を通じて二十万人以上になるという。おどろくべきものである。しかもそれらの多くの人たちが《第九》を暗譜で歌う。外国からきたほとんどの指揮者は、平常は日本人には縁遠いドイツ語の歌詞による曲を暗譜で歌いのけてしまうのには仰天するという。

もう《第九》をきくだけでは物足りない。歌って感激に浸ろうという人がきわめて多くなってきた証拠である。そして、歌って平和と歓喜を求めたい感情をみなぎらせる。そうでなくとも、年末に《第九》をきかないとその年が終わるような気がしないという人も多い。こういう現象はおそらく日本がもっとも顕著だろう。そしてたしかに、日本人的な通念からいって、一年のしめくくりと新たな年への希望という点で、これはまことにふさわしい。いまでは、十二月に《第九》が毎日どこかで演奏されていることに、ほとんどの人が不思議さを感じていない。しかし、ヨーロッパの人からみれば、この《第九》の氾濫は異常なことである。それほどに日本での「年末《第九》」は定着し、慣習的になり、しきたり化している。

しかし、この「年末《第九》」は、もともと聴衆側からの要求で生まれたのではなくて、オーケストラ側の生活の知恵によるものだった。オーケストラの事務局は、苦しい経営のなかで、年末になると楽員にボーナスをださなければならない。そのためには客の入る演奏会を開く必要がある。そこで思いついたのが《第九》の演奏なのだが、これだとかなりの程度まで、合唱団の人たちに切符の負担をしてもらえる。しかも、《第九》をやって演奏会の入りが悪いということはない。だから《第九》が氾濫しても、競合して潰れるということはない。これの原動力となる発想は、実は昔からあった。定期演奏会に客が集まらないという場合には、ベートーヴェンの交響曲連続演奏をやる。これにはいくつかの協奏曲を含めることも多い。そうすると、ベートーヴェンには降参だという日本人が多く集まってくる。

ベートーヴェンは、日本のオーケストラにとってまさに救いの神である。ベートーヴェンとシラーに著作権があったら、日本からの印税は相当な額にのぼることだろう。

ヨーロッパのオーケストラは、なかには経営のかなり苦しい団体もないわけではないが、概して日本のオーケストラよりも安泰である。それは、国や地方自治体や企業関係などからの補助金が多いからだ。苦難の道を歩むオーケストラをたくさん抱える日本では、ベートーヴェンは今後もまだまだ営業面でも大切にされることだろう。

あとがき

この本は、「ベートーヴェンに関することども」といった内容をもち、ベートーヴェンの人間性とその音楽を多面的・多角的にとらえてみようという意図で書かれた。したがってこれは、ベートーヴェンのたんなる伝記でもないし、その作品の解説書でもない。ひとつのテーマを設定し、それを掘り下げてゆくというスタイルで、本書の各章は構成されている。その稿をすすめるには、できるだけ多くの資料に目を通したつもりではあるが、著者独自の推理や想定もあるし、また独断といわれるところもここにはあるだろう。しかし、ベートーヴェンについて、そのような考え方や見方もなしうるのだということをあえて示したかったのである。もちろん、歴史的事実を無視している点があれば御指摘頂きたいと思っている。また、参考文献は、あまりにも多数にのぼるので、一括して掲げることをやめて、必要な場合にそのつど記しておくようにした。

一九七〇年はベートーヴェンの生誕二〇〇年にあたっていた。そのため、ベートーヴェンに因んだ各種の行事が多彩にくりひろげられた。音楽雑誌も特集を組んだり、連載のエッセイをのせていたりした。小生もそれにかなり寄稿した。雑誌は、「レコード芸術」と「音楽の友」臨時増刊号である。そして、そうしたエッセイを素材にして、新資料を加え、いわば新原稿同然のものとして本書に使用した。ただし、第一話から第三話までの分は、完全なる書き下しである。

　本書を上梓するにあたっては、多くの方々に御世話になったし、御面倒をかけた。これらの人たちの御名前を列挙するとつぎの通りである（順不同）。

　浅香淳氏（音楽之友社社長）＝「レコード芸術」および「音楽の友」臨時増刊号のエッセイを素材として活用することを快諾された。

　黒沢幸男氏（音楽之友社事業部長）＝当時の「レコード芸術」編集長。

　小玉武氏（サントリー株式会社広報部長）＝昭和五十九年三月発行の「サントリークォータリー」のエッセイを本書のエピローグの素材として活用することを快く承諾された。当時の同誌の編集長。

　菊地育三氏（朝日新聞社編集委員）、林啓介氏（徳島県の高校の教諭）、冨田弘氏（豊橋技術科学大学教授）＝本書のエピローグで述べられているように、徳島における《第九》の日本初演の記事は、多大の啓示を受けた。

　神田明氏（春秋社社長）＝本書の出版に気持よく応じられた。

　高梨公明氏（春秋社編集部）＝本書の作成の実質的な責任者。編集から出版までの業務を担当してくれた方々の代表として高梨氏の御名前をここに掲げておく。

　以上の方々に心から厚く謝意を表する次第である。

　本書では、第一話、第二話とあるように、いわばそれぞれの章が読切りのエッセイになっている。そのために最初から順を追って読んでゆく必要もない。しかしまた、そういう読切りふうのエッセイなので、わかりやすくするために、他のエッセイと内容的に重複しているところもいくらかある。

ベートーヴェンに関するこの種のエッセイのテーマは、ほとんど数かぎりないくらいにあるといっていいだろう。たとえば、ゲーテとの関係、歌曲の歌詞の選択の傾向、イタリア・オペラに対する見解、好きな女性のタイプ……等々もすぐに考えつかれるテーマである。これらのものも、機会があれば本書の続篇としてまとめてみたいと思っている。

著者

一九八七年四月

作品番号なしの作品

ベートーヴェン作品索引

・作品番号順
・ハ長調は（ハ）、ハ短調は（ハ短）と記す

作品（Opuszahl）

ワ

ヤ

ラ

マ

カ

サ

人名索引

ア

本書の原本は、一九八七年に『ザ・ベートーヴェン』として春秋社より刊行されました。

門馬直美（もんま　なおみ）

1924-2001年。東京に生まれる。東京大学理学部卒業。放送局勤務ののち，常葉女子短期大学教授，洗足学園大学音楽学部教授，サントリー音楽財団顧問などを務める。音楽評論家として活動。洗足学園大学音楽学部名誉教授。主な著作に『音楽の理論』『西洋音楽史概説』『管弦楽協奏曲名曲名盤100』など。

講談社学術文庫

定価はカバーに表示してあります。

ベートーヴェン
巨匠《きよしよう》への道《みち》

門《もん》馬《ま》直《なお》美《み》

2020年８月６日　第１刷発行

発行者　渡瀬昌彦
発行所　株式会社講談社
　　　　東京都文京区音羽2-12-21 〒112-8001
　　　　電話　編集（03）5395-3512
　　　　　　　販売（03）5395-4415
　　　　　　　業務（03）5395-3615
装　幀　蟹江征治
印　刷　株式会社廣済堂
製　本　株式会社国宝社
本文データ制作　講談社デジタル製作

ISBN978-4-06-520663-8

「講談社学術文庫」の刊行に当たって

これは、学術をポケットに入れることをモットーとして生まれた文庫である。学術は少年の心を養い、成年の心を満たす。その学術がポケットにはいる形で、万人のものになることは、生涯教育をうたう現代の理想である。

こうした考え方は、学術を巨大な城のように見る世間の常識に反するかもしれない。また、一部の人たちからは、学術の権威をおとすものと非難されるかもしれない。しかし、それはいずれも学術の新しい在り方を解しないものといわざるをえない。

学術は、まず魔術への挑戦から始まった。やがて、いわゆる常識をつぎつぎに改めていった。学術の権威は、幾百年、幾千年にわたる、苦しい戦いの成果である。こうしてきずきあげられた城が、一見して近づきがたいものにうつるのは、そのためである。しかし、学術の権威を、その形の上だけで判断してはならない。その生成のあとをかえりみれば、その根は常に人々の生活の中にあった。学術が大きな力たりうるのはそのためであって、生活をはなれた学術は、どこにもない。

開かれた社会といわれる現代にとって、これはまったく自明である。生活と学術との間に、もし距離があるとすれば、何をおいてもこれを埋めねばならない。もしこの距離が形の上の迷信からきているとすれば、その迷信をうち破らねばならぬ。

学術文庫は、内外の迷信を打破し、学術のために新しい天地をひらく意図をもって生まれた。文庫という小さい形と、学術という壮大な城とが、完全に両立するためには、なおいくらかの時を必要とするであろう。しかし、学術をポケットにした社会が、人間の生活にとってより豊かな社会であることは、たしかである。そうした社会の実現のために、文庫の世界に新しいジャンルを加えることができれば幸いである。

一九七六年六月

野間省一

諸橋轍次《もろはしてつじ》著

荘子《そうじ》物語

五倫五常を重んじ、秩序・身分を固定する孔孟の教えに対し、自由・無差別・無為自然を根本とする老荘の哲学。昭和の大儒諸橋博士が、その老荘思想を縦横に語り尽くし、わかりやすく説いた必読の名著。

848

廣松《ひろまつ》　渉《わたる》著（解説・柄谷行人）

〈近代の超克《ちょうこく》〉論　昭和思想史への一視角

太平洋戦争中、各界知識人を糾合し企てられた一大座談会があった。題して「近代の超克」――。京都学派の哲学に焦点をあて、本書はその試みの歴史的意義と限界を剔抉する。我々は近代を〈超克〉しえたのか。

900

R・カイヨワ著／多田道太郎・塚崎幹夫訳

遊びと人間

超現実の魅惑の世界を創る遊び。その遊びのすべてに通じる不変の性質として、カイヨワは競争、運、模擬、眩暈を提示し、これを基点に文化の発達を解明した。遊びの純粋なイメージを描く遊戯論の名著である。

920

湯浅泰雄《ゆあさやすお》著（解説・T・P・カスリス）

身体論　東洋的心身論と現代

西洋近代の〈知〉の枠組を、東洋からの衝撃が揺るがしつつある。仏教、芸道の修行にみられる〝身心一如〟の実践哲学を、M＝ポンティらの身体観や生理心理学の新潮流が切り結ぶ地平で捉え直す意欲的論考。

927

柄谷行人著（解説・小森陽一）

マルクスその可能性の中心

あらゆる問題を考えるために必要な一つの問題として、柄谷行人は〈マルクス〉をとりあげた。価値形態論において「まだ思惟されていないもの」を読んだ話題の力作。文学と哲学を縦横に通底した至高の柄谷理論。

931

辻　直四郎著（解説・原　實）

ウパニシャッド

人類最古の偉大な哲学宗教遺産は何を語るのか。紀元前十五世紀に遡るインド古代文化の精華ヴェーダ。その極致であり後の人類文化の源泉ともいえるウパニシャッドの全体像と中核思想を平明に解説した名著。

934

哲学・思想・心理

孔子
金谷《かなや》 治《おさむ》著

人としての生き方を説いた孔子の教えと実践。二千年の歳月を超えて、今なお現代人の心に訴える孔子の魅力とは何か。多年の研究の成果をもとに、聖人ではない人間孔子の言行と思想を鮮明に描いた最良の書。

935

エコエティカ　生圏倫理学入門
今道友信著

人類の生息圏の規模で考える新倫理学の誕生。今日の高度技術社会の中で、生命倫理や医の倫理などすべての分野で倫理が問い直されている。今こそ人間の生き方に関わる倫理の復権が急務と説く注目の書き下し。

946

現代の哲学
木田　元著

現代哲学の基本的動向からさぐる人間存在。激動する二十世紀の知的状況の中で、フッサール、メルロ゠ポンティ、レヴィ゠ストロースら現代の哲学者達が負った共通の課題とは？　人間の存在を問う現代哲学の書。

968

淮南子《えなんじ》の思想　老荘的世界
金谷　治著（解説・楠山春樹）

無為自然を道徳の規範とする老荘の説を中心に、周末以来の儒家、兵家などの思想をとり入れ、処世や政治、天文地理から神話伝説まで集合した淮南子の人生哲学の書。諸子から戦国時代までを網羅した中国思想史。

1014

探究Ⅰ・Ⅱ
柄谷行人著（解説・野家啓一）

闘争する思想家・柄谷行人の意欲的批評集。本書は《他者》あるいは《外部》に関する探究である。著者自身をふくむこれまでの思考に対する「態度の変更」を意味すると同時に知の領域の転回までも促す問題作。

1015・1120

精神としての身体
市川　浩著（解説・中村雄二郎）

人間の現実存在は、抽象的な身体でなく、生きた身体を離れてはありえない。身体をポジティブなものとして把え、心身合一の具体的身体の基底からの理解をめざす。身体は人間の現実存在と説く身体論の名著。

1019

哲学・思想・心理

新田義弘著（解説・鷲田清一）
現象学とは何か
《客観的》とは何か。例えばハエもヒトも客観的に同一の世界に生きているのか。そのような自然主義的態度を根本から疑ったフッサールの方法論的改革の営為を追究。危機に瀕する実在論的近代思想の根本的革新。

1035

市川 浩著（解説・河合隼雄）
〈身《み》〉の構造 身体論を超えて
空間がしだいに均質化して、「身体は宇宙を内蔵する」という身体と宇宙との幸福な入れ子構造が解体してゆく今日、我々にはどのようなコスモロジーが可能かを問う。身体を超えた錯綜体としての〈身〉を追究。

1071

G・ル・ボン著／櫻井成夫訳（解説・穐山貞登）
群衆心理
民主主義の進展により群集の時代となった今日、個人の理性とは異質な「群集」が歴史を動かしている。その群集心理の特徴と功罪を心理学の視点から鋭く分析する。史実に基づき群集心理を解明した古典的名著。

1092

森 三樹三郎著
老子・荘子
東洋の理法の道の精髄を集成した老荘思想。無為自然に宇宙の在り方に従って生きることの意義を説いた老荘。彼らは人性の根源を探究した。仏教や西洋哲学にも多大な影響を与えた世界的思想の全貌を知る好著。

1157

加藤尚武《ひさたけ》著
現代倫理学入門
現代世界における倫理学の新たなる問いかけ。臓器移植や環境問題など現代の日常生活で起きる道徳的ジレンマ・難問に、倫理学はどう対処し得るのか。現代倫理学の基本原理を明らかにし、その有効性を問う必読の倫理学入門書。

1267

プラトン著／三嶋輝夫訳
プラトン対話篇ラケス 勇気について
プラトン初期対話篇の代表的作品、新訳成る。「勇気とは何か」「言と行の関係はどうあるべきか」を主題に展開される問答。ソクラテスの徳の定義探求の好例とされ、構成美にもすぐれたプラトン初学者必読の書。

1276